八田進二・堀江正之・藤沼亜起

鼎談
不正
——最前線

これまでの不正、これからの不正

同文舘出版

はしがき

成熟した経済先進国として、国際社会から信頼を得るためには、常に信頼し得る情報が発信されていることが不可欠です。その点、わが国の場合、粉飾決算に代表される不正会計をはじめ、昨今、さまざまな不祥事が次から次へと露呈している状況からして、国際的な信認を大きく失墜させているものと言えます。実際に、新聞紙上に不正に関する記事が載らない日がないといっても過言ではなく、また、民間の事業会社のみならず、あらゆる機関ないし組織においても、さまざまな不祥事が露呈してきていることは、周知のとおりです。

こうした極めて深刻な状況のなかで、情報の信頼性を支える会計および監査は批判の矢面に立たされていますが、そうした不信感を払拭するための関係者の対応が後手に回っている感も否めません。このような背景もあって、不正について書かれた書籍の刊行は枚挙にいとまのないほどです。なかには、特定の不正事案を深く分析した専門的なもの、不正リスク管理のノウハウを詰め込んだもの、さらには不正事件の裏話に類するものまで多岐にわたっています。しかし、これらの多くは、「不正は起きてはならないもの」「不正は防止できるもの」そして、「不正防止の仕組みを強化すべき」といった視点が色濃く示されている点に特徴があります。

本書は、『不正―最前線』と称して、昨今のさまざまな不正を最近の社会現象として捉え、「不正は起きるものである」といった視点に重きを置いています。つまり、今後も起きるであろう不正全般に目配せしつつ、不正の発生原因や不正への対処方法について、可能な限りその本質部分を抉り出そうと試みています。

そのためには、経営トップをはじめとした組織構成員の意識や感性、日本独特の組織風土、不正に対する社会一般の見方等々、いろいろな見方を交えて考えることの必要性を指摘しています。このように、本書では、多様化する不正や不祥事のほとんどを射程に収めつつ、さまざまな観点からの話題や実例を盛り込むことで不正の本質に迫り、真因を究明することの重要性と、今後の不正防止に向けて役立つヒントを提示できればと願っています。

言うまでもなく、われわれの願いは不正の撲滅に他なりません。しかし、不正は決してなくならないであろうし、今後とも、想定していないような不正に直面することもあり得るでしょう。それゆえ、不正の防御線として期待されている内部統制、全社的リスクマネジメント、監査、不正調査の役割や限界だけでなく、不正を巡る最新の国際動向や、最新のテクノロジーが不正に与える影響、さらには不正に関する教育や人材育成のあり方まで幅広く俎上に載せています。

実際に起きた不正事案の真実に迫るためには限界のあることも承知しており、また、その扱いにデリケートな側面があることも十分に理解しています。しかしながら、事の重大さを共有するためにも、極力、奥歯に物が詰まったような言い方を避け、それぞれの立場で本音を語るようにしています。本書の読者の皆さんも、「今、まさに目の前で起こっている不正」について、他人事としてではなく、自らのこととして思いを共有できればと願っています。

本書は、会計および監査関係者においてさえ、必ずしも、不正関連の知見が十分でないといった危機意識を前提に企画したものです。したがって、不正に関する国内外の動向等を紹介しつつ、最前線での議論を心がけてはいますが、本書の編集作業中においても、相変わらず、複数の不正が露呈している現実には、ただただ驚くばかりです。

当初の予定を大幅に遅れての出版になりましたが、その間、われわれの作業を温かく見守っていただいた、同文舘出版株式会社社長の中島治久氏、および専門書編集部の青柳裕之氏、吉川美紗紀氏、有村知記氏に対して、この場を借りて心から謝意を表します。

２０１８年９月28日

不正のない社会、組織の構築を願い、また、
還暦を迎えた仲間の記念碑として

八田　進二
堀江　正之
藤沼　亜起

【鼎談】不正―最前線～これまでの不正、これからの不正～◈目次

第1部　社会を賑《にぎわ》す不正問題

第2部 内部統制・ERM・監査との関係

第3部 国際動向について

第4部 ITC（情報通信）・テクノロジーの進展と不正

【鼎談】不正──最前線

～これまでの不正、これからの不正～

八田進二

藤沼亜起

堀江正之

第1部

社会を賑《にぎわ》す不正問題

会計に関係する人たちの間で「不正」と言えば、粉飾決算を意味します。しかし、最近では食品偽装、リコール隠し、品質・検査データ改ざん、違法残業、情報漏洩等々、枚挙にいとまがないほど、さまざまな不正が世間を賑わせています。その本質部分を突き詰めていくと、粉飾決算も品質データの改ざんも、その根っ子の部分に共通する原因があるようです。

そこで、まずは第1部で、われわれ3名が専門とする不正会計問題を扇の要に据えつつ、企業不正の蔓延という現象を不正会計との関係においてどのように捉えればよいかについて語っています。

最近の不祥事と企業不正の動向

八田

わが国で最近露呈してきているさまざまな企業不正の問題を多面的に検討し、その将来的な防止策について考えるということで、いくつかの論点を挙げて議論していきたいと思います。よろしくお願いします。

藤沼・堀江

よろしくお願いします。

八田

私たちの専門は、いずれも会計という領域に属しています。そこでの不正で一番問題とされるのが粉飾決算、つまり不正な財務報告です。しかし昨今、わが国で社会問題化し、数多く露呈してきている企業不正の事案は、必ずしも会計という領域だけにとどまっていません。たとえばデータの改ざん、場合によっては消費者や取引先相手に対する書類の不実の記載などの事案も見受けられます。こうした各種の不正問題を広く捉えるならば、「開示不正」という言い方ができるかもしれません。

藤沼

たしかにそうですね。

八田

さらに最近起きている問題は、これだけではありません。たとえば著名企業における**従業員の過重労働**、スポーツの世界における不祥事、たとえば**相撲の世界**、**レスリングの世界**、**ボクシングの世界**、**体操の世界**あるいは学校関係で言うならば**フットボールの世界**での問題など、非常に多面的な不祥事が続発しています（**図表1**）。このような状況も踏まえながら、不正の防止策や予防策を提言できればと思います。

そこでまず、堀江さんにおうかがいしますが、こうした状況については逐次話題のなかに盛り込むこととし、差し当たって企業不正に限定したとき、どのような分類やカテゴリーに分けて議論すると理解しやすくなるでしょうか？

堀江

企業不正について言えば、これまでは粉飾決算をはじめとして、金品の使い込みといった非常に狭い閉じられた世界でしか、われわれ会計に携わる者は議論をしてこなかったわけです。しかし最近では、今、お話がありましたように、不祥事といった大きな括りで考えなければならなくなってきています。

八田

具体的にはどのようになるのでしょうか？

堀江

図表2のように、まず不正の主体に着目しますと、経営者層が行う不正、管理者層が行

[図表1] 最近の各界における不祥事の例

事例	事件の概要
従業員の過重な労働	2015年12月、長時間労働での過労により女性社員が自殺し、その後、16年９月には労働基準監督局が、労働災害を認定した㈱電通の事案がある。同年12月、東京労働局は法人としての電通と当該女性社員の当時の上司を、労働基準法違反の疑いで東京地方検察庁に書類送検。石井直代表取締役社長が、17年１月の取締役会で引責辞任することを発表。なお、同社は、16年のブラック企業大賞の「大賞」を受賞。
相撲の世界	公益財団法人日本相撲協会では、2017年から18年にかけて横綱日馬富士による前頭貴ノ岩への酒席での暴行（日馬富士は引責により引退）など部屋内外での暴力行為の続出、立行司によるセクハラ行為、十両大砂嵐による無免許運転（大砂嵐は引退勧告を受け引退）など、多くの不祥事が続発。また、協会執行部の対立により貴乃花親方の退職もあり、協会は再生を期して、18年10月に、暴力決別宣言を公表。なお、貴ノ岩は自身の暴力行為の発覚により、18年12月に引退した。
レスリングの世界	2018年１月、オリンピック４連覇を成し遂げ、国民栄誉賞受賞の伊調馨選手に対して、財団法人日本レスリング協会の栄和人強化本部長のパワハラ疑惑告発状が、内閣府の公益認定等委員会に提出されたことで、一連の不祥事が発覚。その後４月、同協会は、栄氏のパワハラを認定、６月には、至学館大学のレスリング部監督も解任された。
ボクシングの世界	2018年７月、「日本ボクシングを再興する会」が、「アスリート助成金不正流用疑惑」「公式試合の組織的判定操作」など、一般社団法人日本ボクシング連盟に13項目の不正があるとしてJOC、文科省などに対し告発状を提出。元暴力団組長との交際を認めた山根明終身会長は、同年８月、連盟の会長および理事を辞任。その後９月、第三者委員会は、山根前会長の助成金問題隠滅行為や不公正な「奈良判定」を認定。協会は、10月に、理事を一新し、新会長を選出、信頼回復を図っている。
体操の世界	2018年８月、暴力指導問題で宮川紗江選手のコーチが、公益財団法人日本体操協会から無期限登録抹消処分を受けたことを受けて、記者会見に臨んだ同選手が、同協会の塚原千恵子女子強化本部長・塚原光男副会長の両役員よるパワハラを告発。その後、その結果報告が出て理事会決定が出るまで、両役員の協会での職務一時停止を発表。同年12月、第三者委員会報告書では、パワハラを認定せず、両役員の職務停止が解除された。
フットボールの世界	2018年５月、日本大学のアメリカンフットボール選手が、関西学院大学との定期戦で危険なタックルをし、相手選手を負傷させる問題が発生。その後、タックルをした選手が謝罪会見し、監督とコーチの指示によるものと発言。これを受け、当該監督とコーチも記者会見を行ったが、危険タックルの指示を否定し続けたことも含め、大学側の不誠実な対応に多くの批判が噴出。関東学生アメリカンフットボール連盟は、反則をした日大選手への対外試合出場禁止、および監督とコーチを除名処分とした。

う不正、従業員層が行う不正があります。また、別の観点から見てみますと、財務報告に直接関係する不正と財務報告に直接関係しない不正という分類もあります。

このうち、経営者層が行う財務報告に直接関係する不正の代表が粉飾決算です。これは会社のためとか、あるいは数字をいじるだけということで、不正に手を染めた人間の罪の意識が薄いという特徴があるのではないかと考えられます。会社のお金を自分の財布のなかに入れたというわけではありませんから。それに対して、従業員層に見られるような金品の横領など経済的な利得を目的とした不正は、ある意味とてもわかりやすい。

財務報告に直接関係する不正で注目しなければいけないのは、管理者層レベルで行われる不正です。販売予算がノルマ化して、架空の売上を計上してしまうといったものです。このような不正は、過度なプレッシャーとか、ノーと言えない組織風土が大きく影響しているからです。

一方、財務報告に直接関係しない不正となりますと、本当にさまざまあります。最近では、品質データの改ざんが

[図表2] 企業不正の類型

主体／内容	経営者層	管理者層	従業員層
財務報告に直接関係する不正	株価維持、銀行借入れのための粉飾決算　など	過重なノルマに耐えきれず行う架空の売上計上　など	個人的な経済的利得を目的とした商品の横流し など
財務報告に直接関係しない不正	法定届出・報告書類の改ざん　など	コスト削減のためのソフトウェアの不正コピー　など	個人的な経済的利得を目的とした情報漏洩　など

噴出しています。ただ、気をつけなくてはいけないのは、たとえばソフトウェアの違法コピーが発覚したとします。それが裁判沙汰にでもなれば、会計的には、重要な偶発事象として財務諸表に注記が必要になる可能性が出てきます。その後、裁判の行方が確定して金額の合理的な見積りができるようになれば、今度は損害賠償損失引当金の計上といった会計処理が必要になります。つまり、財務報告に直接関係しないといっても、多くの不正は、最終的になんらかの会計処理に関係し、影響を与えるという前提で考える必要があります。

藤沼

不正のほとんどは会計に影響しますからね。

堀江

そのようなことから、表面的には財務報告に直接関係しないといっても、時間の経過に伴って会計処理と関係してくるという点には、注意が必要だと思います。

伝統的な企業不正は粉飾だった

八田

私たちが従来考えてきた企業不正の大半は、まさに今、堀江さんから説明があったように、財務報告と言いますか、財務情報の虚偽記載というものが中心にあったと思います。個人的な印象からすると、最近ではその中身が広がりを持って、不正ではなくて不祥事、つまり、社会的によろしくない行為ということで、非常に幅広の視点で社会からの批判を受けているように思えます。ただ、伝統的な企業不正というと、やはり不正会計だと思います。そこで藤沼さん、会計プロフェッションとしての長い経験から、かつての不正会計、そして近時の不正会計について、国の内外を含めて、どのような見方をされていますか？

藤沼

不正会計そのものは海外のものと大きく違わないと考えています。ただ、海外での不正会計の動機は、あえて言えば、経営者の貪欲さに関係している。つまり、株式報酬が経営者報酬の多くの部分を占めていますので、高い株価を維持したい、高額報酬をもらいたい、あるいは経営者としての名声を高めたいというものです。２００１年から２００２年に発生した**エンロン**(1)や**ワールドコム**(2)の不正会計がこれに当たります。

---

(1) アメリカの大手電力卸売会社エンロンが2001年12月に連邦破産法第11章の適用申請を行ったことを契機として発覚した不正会計事件である。特別目的会社を利用した巧妙な不正が行われていたことが明らかとなった。監査を担当したアーサー・アンダーセン会計事務所も、信用失墜により2002年８月に89年間の歴史に幕を閉じるに至った。

(2) アメリカ長距離通信大手のワールドコムは、1990年代の急成長企業であったが、2002年７月に粉飾決算が表面化し同国市場最大規模の経営破綻となった。前年12月のエンロンに続くワールドコムの不正会計によって、厳格な法規制を求める米国SOX法（企業改革法）が2002年７月に成立することとなった。

一方、日本の不正会計は、いわゆる追い込まれ型で、経営成績が不振で株価もさえないという状況が不正の動機となっています。日本の場合には、堀江さんも言われたように、経営者の個人的な金銭的利益というよりも、不正の正当化の理由に、会社を守るためにとか従業員の雇用を守るためといった側面があります。２０１５年発覚の東芝のケースでは、利益目標達成のために、各部門の経営幹部にチャレンジと称して過度なプレッシャーをかけたと言われています。このように、経営トップが関与した不正会計は、一般に、会社の管理部門を巻き込んで全社的に内部統制の無効化が行われますので、金額的にも大きくなり重要な影響をマーケットに与えます。

八田

おっしゃるとおりですね。

藤沼

次に、中堅幹部が自分の責任を負っている部署の業績をよく見せるための不正会計もよく発覚しています。影響額はやや小さくなりますが、当該部署での不正の金額が累積すると、結果的に連結決算にも影響する場合があります。

また、個人レベルの不正会計は、営業担当者が自分のノルマ達成のために行う収益の架空計上や収益の早期認識をするなどの不正や、個人的な金銭問題から会社資産の流用をする場合などです。これらのケースでは、不正の影響は金額的にそれほど大きくないと思いますし、これらの不正の動機に内外格差はあまりないと思います。

八田　過去の不正会計との違いはいかがですか？

藤沼　過去の不正会計との違いは、**オリンパス**(3)、**東芝**(4)また**富士ゼロックス**(5)でもそうですが、不正会計が国際的になってきたということが言えますね。資産隠しに海外の子会社を使ったとか、企業活動の国際化と不正会計の問題が混ざり合った事象が出てきているという感じがしています。

堀江　大型の不正会計が発覚すると、その対応策として、監査基準の改訂や法令等の改正が行われるという歴史が繰り返されてきました。古くまでさかのぼれば**山陽特殊製鋼事件**(6)がありましたね。この事件がきっかけとなって、１９６６年の公認会計士法の改正によって監査法人化が認められたことによって、徐々に

---

(3)　オリンパスは、バブル崩壊時に多額の損失を出したが、歴代の会社首脳は長年にわたり粉飾決算を放置してきた。2008年に、実態とかけ離れた高額の企業買収を行いこれを特別損失として処理し、本当の損失原因を隠蔽しようとした。2011年に設置した第三者委員会の調査報告から、会社は「損失計上先送り」を公式に認め取締役会が一新された。

(4)　東芝は３名の歴代社長による目標達成のプレシャーによる会計不正で2015年９月に多額の過年度決算訂正を発表し、特設注意市場銘柄に指定された（2017年10月に解除）。その後、2017年12月に米国子会社の原子力事業で巨額の損失計上の可能性が判明し、2018年３月期決算では、監査法人より財務諸表監査について「限定付適正意見」を、また内部統制報告書に対しては「不適正意見」を受領したが、会社側は内部統制は有効であると主張し両者の意見の食い違いが生じている。

(5)　富士ゼロックスのニュージーランドおよびオーストラリア両販売子会社で、経営陣がインセンティブ（報奨金）獲得を目当てに売上を重視した不適切な会計処理で、2010年度から15年度までの６年間の過年度修正額だけでも375億円に上った。2015年、内部告発で問題が発覚したが、問題が先送りされ、親会社の富士フイルムホールディングスに報告されていなかった。

(6)　山陽特殊製鋼は、1965年３月に神戸地方裁判所に会社更生法の適用を申請した。当時の経営陣が約70億円の粉飾決算を行っていたことが発覚し、社長ら役員７人が違法配当やヤミ賞与を出したとして大阪地検特捜部によって起訴された。

(7)　2004年10月にコクド社が有価証券報告書虚偽記載を公表した。西武鉄道のコクド持株分の多くを個人名義に偽装し、コクドなど上位10名の西武鉄道株式保有分のみで上場廃止基準である80%を超えていたことを伏せて株式公開していた。東京証券取引所は、同年11月に虚偽記載という不適切な情報開示などを理由に西武鉄道株の上場廃止を決定した。内部統制報告制度創設の契機となったと言われている。

個人事務所から監査法人に移行されました。**西武鉄道**(7)(2004年)および**カネボウ**(8)(2005年)が上場廃止になったことに関連し、**2007年の公認会計士法の改正**(9)によって、課徴金制度や監査法人の有限責任化の導入、監査責任者のローテーション制度の強化などが実施されました。また2008年4月より内部統制報告制度(17頁の注を参照)も開始されました。

その後、オリンパスの不正会計事件のときには、**「監査における不正リスク対応基準」**(10)が2013年に制定され、また、東芝の不正会計を契機として、2016年には**「会計監査の在り方に関する懇談会」の提言書**(11)が公表されました。

八田

日本の証券・資本市場の不正会計の歴史には、ご指摘のように、山陽特殊製鋼の事件とか、それ以降でも歴史に残るような不正はいくつかあったわけです。しかし基本的にはそういった不正会計の発覚が、日本の会計監査制度の発展にもつながることになりました。

---

(8) 2004年、カネボウは業績不振により産業再生機構に支援を要請したものの、2000年から2004年までの5会計期間にわたって総額2000億円以上の粉飾決算が内部調査で判明した。粉飾決算容疑で元社長等が逮捕されるとともに、それに加担していたとして監査担当の公認会計士も逮捕された。当該監査を担当していたみすず監査法人(旧中央青山監査法人)は2007年に自主解散した。

(9) 2007年の公認会計士法改正においては、2003年公認会計士法改正による公認会計士・監査審査会の設置などに引き続き、監査法人の品質管理・ガバナンス・ディスクロージャーの強化、監査人の独立性と地位の強化、監査法人等に対する監督・責任のあり方の見直し、課徴金制度の導入などがなされた。

(10) オリンパス事件などに対応して、企業会計審議会が2013年3月に公表した基準であり、監査基準における不正対応に関する規定内容を補強する目的で策定された。当該基準は、「職業的懐疑心の強調」「不正リスクに対応した監査の実施」「不正リスクに対応した監査事務所の品質管理」から構成され、付録として不正リスクや重要な虚偽表示を示唆する状況を例示している。

(11) 東芝などの不正会計事案などを契機として、金融庁内に設置された「会計監査の在り方に関する懇談会」が、2016年3月に会計監査の信頼性確保に向けての取り組みを提言書として公表した。当該提言書の内容は、監査法人のマネジメントの強化、会計監査に関する情報の株主等への提供、企業不正を見抜く力の向上、第三者の眼による会計監査の品質のチェック、高品質な監査のための環境の整備の5つの柱からなる。

ただこの繰り返しがこれからも終わりがない状態で続いていくのではないかなと思います。不正の対象となる範囲や地域が広がり、また不正の手口もますます複雑化、高度化、国際化してきており、そういった意味では不正への対応も変わってきていると思います。昭和の時代と言いますか、かつての日本の不正会計を思い起こせば、たとえば子会社を利用した押込み売上といった、期末のちょっとした会計操作で利益を嵩上げしていました。非常に単純な手口だったわけです。今はそうではなくなったというところに大きな変化を感じています。

藤沼　そうした子会社などを使った不正をなくすといった目的もあって、日本でも連結決算になりました。

八田　そうですね。**連結会計**(12)を導入することで、企業集団としての財務報告を行うという目的と同時に、子会社を利用した不正会計を防止するようになりました。そうした経緯を考えると、不正への対応も高度化、複雑化してきているのではないでしょうか。これは会計監査担当者にとってもなかなか難儀な問題ですよ。

(12)　子会社や関連会社など、資本的および実質的に支配従属関係にある法的に独立した複数の会社からなる企業集団を、単一の組織体とみなして財務諸表を作成する会計制度。子会社や関連会社を利用した会計不正を防止する狙いもあった。1997年に企業会計審議会から「連結財務諸表制度の見直しに関する意見書」が公表され、1999年度決算からは、有価証券報告書においても、連結財務諸表が中核に位置づけられた。

不正の国際化と複雑化

藤沼　不正の手口の高度化は本当に大きな問題です。2018年6月に、アメリカで行われた公認不正検査士協会の**第29回国際不正カンファレンス**(13)に出席してきたのです。

八田　グローバルな不正を巡るカンファレンスですね。

藤沼　キーノートスピーカーとして、ユーロポールの元ダイレクターが登壇されていました。ユーロポールというのは、インターポール、つまり国際刑事警察機構という組織のヨーロッパ版です。

堀江　どんなテーマが注目されていましたか？

藤沼　不正の組織化と国際化への対応が大きな話題になっていました。各国の司法当局、裁判所や警察の対応が、各国の制度や法律によってバラバラなんですね。ですから、不正に関する情報提供や協働的な作業がどうしても必要になる。また、最近は内部の犯罪だけでな

(13)　米国に本部をおく公認不正検査士協会（ACFE）の年次国際カンファレンスで、29回目のカンファレンスは、2018年6月17日から7日間にわたりラス・ベガスで開催された。約80ヵ国から約3000人の参加者があった。第29回のカンファレンスでは、朝食時および昼食時の基調講演が6回、13種類の分科会で合計82のセッションがあり、質・量ともに充実した意見交換と議論が行われた。

くて、企業外部からの犯罪行為によって、たとえば**サイバー攻撃**(14)を仕かけてきたり、マルウェアのような不正ソフトを送ってきたりする。それが企業に膨大な損害を与えているということです。

このような現状を考えると、企業の内外から仕かけられる不正の摘発・防止は、大変厳しい時代になってきたなと、カンファレンスに参加して実感しました。

堀江

藤沼さんがご指摘になられたように、今後さらに、あらゆるモノや情報がインターネットにつながるようになってくると、不正の問題を考える場合、企業内、企業外といった組織上の仕切りとか境界線がなくなったり、曖昧になるかもしれませんね。

最近では、取引先などともインターネットを介してシームレスにつながるような環境が当たり前になってきています。モノの流れという意味でのサプライチェーンとあわせて、情報もサプライチェーン化されてきています。その意味では、内部統制という考え方も、企業集団はもちろんのこと、それを超えた捉え方も必要になってきているのではないでしょうか。

八田

そうですね。ただ、もう少し、不正の内容を明確に分けなければならないと思います。企業内不正といった場合、たとえば企業グループで見たときに、親会社のような中心となる企業がありますが、それをとりまく子会社や関連会社もあります。その観点からも考え

(14) 企業等のWebサイトや情報システムを標的として、インターネットを介して、機能停止、情報の窃取、データの改ざんなどを仕かける攻撃をいう。かつては愉快犯的なものが主流であったが、最近では、経済的利得を目的とした攻撃になっており、海外からの攻撃も多い。電気・ガス・水道・交通等の社会インフラを支える情報システムが攻撃の対象となると社会経済活動のマヒすら招きかねないことから、国家的な対応が求められている。

なければいけないですよね。それら子会社や関連会社も企業内であると、藤沼さんはお考えなのですね？

藤沼 そういうことです。

八田 そうであると、企業内部という視点であっても、とても広がりをもってきていることにまず力点を置かなければなりません。それから企業外部から侵入してくる不正に対しても企業の立場から、防止・抑止を念頭に置く必要があります。

そこで堀江さんにおうかがいしたいのですが、企業集団や企業グループで考えたとき、日本では財務内容の開示が連結ベースになって久しいわけです。例の内部統制報告制度、これもグループで見なければいけないということですよね？

堀江 おっしゃるとおりです。金融商品取引法に基づく**内部統制報告制度**(15)は、企業集団としての内部統制の整備と運用を求めています。したがって、先ほど藤沼さんが触れられたように、親会社を中心として子会社、関連会社も含めた括りで考えなければなりません。

八田 そのような前提で見たときの不正あるいは不祥事についてはどのようにご覧になっていますか？

(15) 金融商品取引法に基づき、上場会社等の経営者に対して、自社の財務報告に係る内部統制の整備・運用状況の評価に基づいてその結果を内部統制報告書として開示させ、内部統制報告書に重要な虚偽の表示がないかどうかについて公認会計士または監査法人による監査を義務づける制度をいう。2008年４月に開始する事業年度から運用されている。

堀江

まず、親会社から見たときに目の届きにくい子会社や関連会社で、さまざまな不正が起こっているという実態には着目する必要があると思います。特に海外子会社ともなりますと、親会社と同じルールを適用しようとしても、組織風土や価値観の違いもあって、効果的な内部統制を効かせることが難しい。締めつければいいといったことでもないと思います。単に子会社等に対するモニタリングを強化せよというのではなく、企業集団としての価値観を共有できる組織風土づくりがまずもって重要ではないでしょうか。

藤沼

たしかにそうかもしれませんね。

八田

今、グループということを強調したのは、昨今起きているデータ改ざんや、不祥事の大半は、子会社等がやっているからです。その根本的な原因はどこにあると考えればよいでしょうか?

堀江

もちろん親会社による子会社等の管理の甘さということもあるかもしれませんが、親会社からの暗黙のプレッシャーとか、親会社の「意向」、最近の言葉では「忖度」でしょうか、子会社等における不正の原因がそのような点にある可能性も考慮する必要があるかと思います。

八田
そうですね。一歩踏み込んで対策という点ではどうでしょうか?藤沼さん、何かコメントがありませんか?

藤沼
子会社等の管理は、多くの企業にとっても大変難しい問題になっています。私は、堀江さんも言われたように有無を言わさぬ一方通行的な押しつけが必ずしも効果的かというと、そうとは思っていません。子会社等の事業が多角化されていたり、また文化の異なった海外にも子会社等が散らばっている場合には、まずもって親会社自身が子会社の管理をいかに考えるのかといった基本的な方針を持たなければならないでしょう。そして、親会社のトップが、基本的な方針に基づいて、グループ全体に対して強力で、わかりやすいメッセージを出し続けることが重要ではないでしょうか。

八田
それから、企業をとりまく内部統制やコンプライアンス上の懸念事項が、今は国内ではなくて海外拠点の方に多くあるのではないでしょうか。それがこの問題をさらに難しくしている要因になっていると思います。

藤沼
おっしゃるとおりですね。

八田　海外の買収子会社あるいは関連会社など。

藤沼　それはありますね。

八田　藤沼さんは、実務のなかで海外拠点の監査に関してもご経験があると思います。海外と言ってもアングロサクソンなのか大陸系なのか、アジアかアフリカか、一口には言えませんが、少なくともアングロサクソンの企業の現地従業員のメンタリティ、これは日本人とはだいぶ違うのでしょうね。そもそも不正という問題に対して、彼らはどのように考えているのでしょうか？

藤沼　一般的に欧米諸国のマネジメントレベルの感度は、倫理や不正に対してはかなり厳格です。実際にそこで問題が起きないかというとそうではないんですが、外国人経営者にインタビューをすると、非常に不正や倫理についての感度がいい。

八田　アングロサクソンは、簡単に性悪説といのは正確ではないかもしれませんが、人間は弱いからお互いになにをするかわからない。だからその点だけはきちんと見極めないと買収もできないし、子会社化もできない。そういう前提ですよね。

藤沼

たしかにそういう前提はあります。

収益第一というオーナー系の企業が買収の相手先になった場合、買収先のデューデリジェンスが不十分だと買収後にとんでもないことになっていることに気づくケースがあるんですよね。欧米系の企業は、一般論的には、不正に対する問題意識は高く、内部監査とかの能力も意外としっかりしていると言われています。ただ、欧米系の会社でも、ラテン系の会社やオーナー系の会社では不正も含め内部統制が弱いところがあり、結構問題が起きているということは言えると思います。

八田

あえて海外に目を向けたのは、アベノミクスの時代になってから、日本の企業環境が少し好転したからです。つまり、企業がさらなる成長を遂げるための1つの手法としてM&Aがあります。手短に企業買収を仕かけて企業価値を高めてから、さらに買収する。ただ、報道されている結果を見ると、必ずしも健全な企業を買収したわけではなかったために、大損もしています。

藤沼

買収先の企業に対するマネジメントの失敗もあると思います。2015年の東芝の海外子会社の問題も、そのあたりのこととまったく無縁ではないと私は思っています。不正という言葉が当てはまるかどうかはわかりませんが、親会社として、子会社の管理について十分にグリップを効かせていなかった。おそらくそういうことが、今後、国内でも増えていくのではないでしょうか。

堀江　たしかに安易なM&Aによって、子会社等の管理が難しくなるということは十分に想定されます。経営者が短期的な成果を求めようとするときには、管理よりも業績優先ということで、いわば不正の爆弾を抱えたままの経営を余儀なくされることにもなりかねません。また、今までの発想だと、海外の子会社等ではなかなか目が届かないというレベルでしか議論されませんでした。しかし、欧米の会社のように比較的不正に対する問題意識が高い子会社もあれば、いつ、なにが起こるかわからないといったレベルの子会社が混在化してくると、日本の親会社が統一的な管理体制を敷いたとしてもうまくゆかない可能性が高いのではないでしょうか。

このように、グローバル化したことによって、いろいろな価値観を持った従業員や経営者がいるような子会社や関連会社を前提に不正対策を考えていく必要がありそうです。そういう意味で、とりわけ海外企業の安易な買収という点にもっと目を向ける必要がありそうですね。

コンプライアンス概念の拡大とコンプライアンス意識の動向

八田
やはり不正の問題に関して最初に議論になるのはコンプライアンスでしょうか。ただ、ひとことでコンプライアンスと言っても、なかなか難しい用語です。コンプライアンスという言葉自体は、基本的には〝守ること〟ということで、具体性のない言葉なんです。

藤沼
そういうことですね。

八田
「なにを、どのように、どの程度」守るかという意味ですが、その点については、特に示されていません。ところが日本ではこの言葉が浸透しはじめた当初、誰ともなく「法令等遵守」と言いはじめ、そのままそれを使ってきたわけです。果たしてそれだけでコンプライアンスという言葉の意味のすべてを説明できるのかどうか。あるいはこのグローバル化した社会において、コンプライアンスという言葉を企業人が使ったときに、共通用語として同じレベル感で共有できているのか。このことについてもよくわからないわけですよ。そういう意味で、このコンプライアンス概念の拡大、あるいは意識、これについて堀江さんはどのようにお考えですか？

堀江　コンプライアンスという言葉は、法令や社内規程の遵守といったように狭い意味で使われていました。最近では、そこから踏み出して、社会的な規範あるいは倫理観の保持といった漠然とした理解が主流になりつつあるように見えます。これは、コンプライアンス概念の範囲の拡大という観点で捉えるのではなく、倫理観の保持というものがまず土台にあって、その上に、法令遵守とか社内規程の遵守が置かれるというイメージで考えることが重要だと思います。このことは、倫理観の欠如が原因となって、法令違反や社内規程違反が起こる、そのような関係で捉えるべきだと思うからです。

その意味で、最近では、コンプライアンス概念の根幹部分にようやく社会が注目するようになったという見方もできると思います。この点は大事なことで、そうでないと、ただ、法令や規程さえ守ればそれでいいんでしょ、ということになる。ルールを守ることが目的化してしまっては、コンプライアンスの意味がなくなるのではないでしょうか。

藤沼　たしかに、そのような捉え方が大事ですね。

堀江　それと私がもう1つ大事だと考えていることは、不祥事あるいは社会規範に対する社会の目が日増しに厳しくなってきている。そのためにも、経営者は、不祥事の根本原因となる組織構成員の倫理観をいかに高めるかという点にこそ、より目を向けるべきではないでしょうか。倫理観という目に見えないものゆえ、それに対する鈍感さというのでしょうか、なかなかそれに気づかないことが、事後的な対処を含めて傷口を大きくしている面があるように思います。

八田

私自身、誰でも社会生活を営む人間として、常に善良で完璧な状態で問題なく過ごせるわけではないといつも思っています。人間の体の問題にたとえるなら痛いところも出るだろうし、暴飲暴食で体調を崩してしまうこともあると思うんですね。同じように企業も生き物です。だから、やはり不正とか不祥事は起こり得るものだ、起こる可能性は多分にある、まずこういう大前提で臨むことが必要ではないでしょうか。そう考えていないと不正や不祥事が起きたときに困りますよね。なぜならば、起きるわけがないと思っている人が多いですから。

堀江

たしかに、倫理観と言ってもそれを保持し続けることが難しいのであって、不正や事故は起こるものだ、完全には防げないものだという前提で、その初動対応と事後対策にこそ着目する必要がありますね。

八田

そのため、不正発覚後の初動対応で誤ると、炎上して二次被害でより深刻な問題になってしまいます。どうも昨今の日本の状況を見てみると、それに該当する失敗例があまりにも多いのではないでしょうか。あるいは、政治家の場合、コンプライアンス意識に関しても、それは法に触れているわけではないということで、責任を回避しようとする場合が目につきます。道義的には問題があるかもしれないが、適法であるということでね。そんな子供だまし的な方便では、今の社会あるいは国民が納得するとは、到底思えないのですが。

藤沼　私は法律で社会的な規範や倫理観をすべて規定することは不可能だと思っています。たとえば国内法で、社会的な規範を考慮して法律で規定していくという悠長なことはやっていられないと思っています。というのは、社会環境や事情がどんどん変わっていっているからです。

そういう面で、**コーポレートガバナンス・コード**(16)と**スチュワードシップ・コード**(17)が言っているように、コンプライ・オア・エクスプレインというもの、つまり**原則主義**(18)、プリンシプルベースの考え方を、これから積極的に取り入れていくべきだと考えています。本来、法律には書けないものを、コードをつくることによって、ある意味強制するわけですから、今後はそのようなことも検討すべきではないかと感じています。

---

(16)　会社の持続的成長と中期的な企業価値の向上を目指すために、透明・公正かつ迅速・果断な意思決定を行うための仕組みづくりが不可欠との認識のもとに、2015年６月に公表された指針である（2018年６月改訂）。コード（指針）は、「株主の権利・平等性の確保」「ステークホルダーとの適切な協働」「適切な情報開示と透明性の確保」および「取締役会等の責務及び株主との対話」の５つの基本原則と、原則および補充原則で構成されている。「コンプライ・オア・エクスプレイン」（原則を実施するか、実施しない場合には、その理由を説明するか）の手法を採用している。

(17)　機関投資家が、投資先企業に対する深い理解に基づく建設的な目的を持った対話を通じて、会社の持続的成長と企業価値の向上を促すことを目的とした機関投資家のための行動指針であり、2014年２月に公表された（2017年５月改訂）。機関投資家が、顧客・受益者と投資先企業の双方を視野に入れ、責任ある機関投資家としてスチュワードシップ責任を果たすに当たり有用と考えられる７原則を定めている。「コンプライ・オア・エクスプレイン」の手法を採用している。

八田 グローバルスタンダードの視点で見ると、法律は各国の事情のなかで成立しています。しかし経済社会の事柄の大半は海を越えています。そのことを考えると、国際的なレベルでの共通の価値観や意識が必要となるでしょうし、それを持つためには原則主義的な発想しかないと思います。

藤沼 国際的には確実にそのような流れになっています。

八田 ルールベース（規則主義）は経済の世界では無理だということですよね。ただ、然るべき地位の方々、あえていうならば昭和の時代を過ごした方々が、肌感覚でそのことについて理解できているかどうか。

堀江 昭和の時代かどうかは別にしても、多くの経営トップは、数字で出てきたものには敏感に反応しますが、原理原則とか、数字で表せないものにはどうしても鈍感になりがちかもしれません。今、お話に出ているプリンシプルベースというのも、本質的には数字に馴染まない。しかし、「独立社外取締役を少なくとも2名以上選任すべき」と書かれていると、2名選任しさえすればいいという発想が先行しがちになる。とりあえず数字を満たそう、最低限のことをまず手当しようという発想です。プリンシプルベースの本当の意味を深く

(18) 原則主義とは、狭義には、会計処理の手続・方法について個々に詳細な基準を設けるのではなく、原則的な手続・方法のみを大まかに規定しておき、具体的な適用にあたっては、その時々の状況に応じて財務諸表作成者および監査人の判断に委ねる考え方をいう。広義には、大掴みな原則（プリンシプル）を示すことで、関係者がその趣旨や精神を確認し、互いに共有したうえで、その趣旨・精神に照らした判断を求める考え方をいう。最近公表されるガイドライン等のほとんどがこの考え方に基づいている。

考えようとしないことが多いのが問題だと思います。

藤沼

それはたしかにそうですね。私が金融機関の社外役員をやっていたときに聞いた話ですが、「これは望ましくない取引だから、これ以上はいけない」という指針が出ると、「じゃあ、それ以下だったらやっていいんですね？」と、そういう発想をする人間が出てくると言ってました。基本的にはそれはやらないということになっているのに、法律や規則等ではどうしても下限を書くような記載や指示になってしまいます。そうすると「そこに触れないような取引なら、やったらいいんですね」という発想になります。

八田

それはおそらく「法律や規則に書かれてないものはセーフだ」ということで、法の抜け穴をつく考え方ですね。法律や規則は経済活動の後追いだということを肝に命ずべきです。

藤沼

そういうことですね。

八田

プリンシプルベースで物事を考え、問題があった場合には、きちんとアカウンタビリティ、説明責任を果たさなければならない。日本人の場合、この説明責任という視点がほとんど欠落しているのではないかというところに、私は疑念を抱いています。

不正がもたらすレピュテーションの企業価値への影響

堀江
それともう1つ、レピュテーションの問題もあります。先ほど不祥事発覚後の初動対応という話が出てきたわけですが、法令に触れていなければ特段の問題は生じないはずだという甘さが横たわっているように思います。たとえ法令に触れていなくても、レピュテーションの低下が企業価値をものすごく下げてしまったり傷つけたりすることがあります。先ほども申し上げたように、コンプライアンスの概念は単なる法令遵守ではなくなってきている。そのあたりの認識が薄いと、初動対応に支障を来し、傷口をますます大きくしてしまっているケースが多いように見えます。

八田
まさに信用、評判あるいは名声といった意味でのレピュテーションですね。

堀江
本当に気をつけないと、企業のブランドを一瞬にして地に落としてしまいます。

八田
フットボールで問題のあった日本大学の記者会見の司会者は「日大のブランドは落ちま

せん」と強弁しましたが、まさに、あれは広報としての悪しき例ですよ。大変残念ですが、あの言葉は不祥事の歴史のなかに残るでしょうね。広報担当者の鈍感な危機意識は、完全に昭和の時代の遺物でしょうね。

堀江

そうですね。今現在の感覚では理解に苦しみますね。今、組織がどういう状況に置かれているか、そのあたりの認識がまったくなかったといわざるを得ないと思います。

八田

「ローマは一日にして成らず」と同じように、信用や名声をつくり上げて高めていくには、ものすごい時間がかかるわけですし、全社一丸となって努力しなければなりません。しかし、失墜するのは瞬時ですからね。

藤沼

本当に瞬時ですね。

八田

そして、失墜した信用や名声をもとに戻すには、つくり上げるときよりももっとエネルギーがいるということを、われわれは過去の事例でたくさん知っています。しかし企業の上の方は、「不祥事や不正はわが社では起きるわけがない」という考えのもと、完全に思考停止状態になっている場合が多いということです。したがって、不祥事が起きたときに、責任のある方から開口一番に出る言葉は「あってはならないことが起きてしまった」です。

藤沼

不祥事は基本的には、あるかもしれないではなく、あってはならないというわけですね。その考え方がトップにあると、現場の最前線にいる方が異変に気づいたときに、「社長はあってはならないと思っているから、こんなことを耳に入れたら大変なことになる」と口をつぐんでしまうのです。

堀江

トップに悪い情報が伝わらないわけですね。結果的に最悪な状況になる可能性がありま す。

八田

そのとおりで、現場では、隠蔽ないしは先送りにするわけです。そうではなくて、上司の立場として、情報チャネルを複数開いておいて悪い情報が来たら逆に褒め称えるくらいのことが必要です。「よく教えてくれた。それを知らなかったら、企業価値がもっと毀損するところだった」と、そういうスタンスです。それをトップの方にお話ししても、なかなかピンとこないことが多いと思います。つまり、そもそもが他人事なのでしょうね。

藤沼

「社内の月次報告には、まずバッドニュースを最初に書け」と指示している会社もあります。「いいニュースは、報告がなくても自然に伝わってくる」と。たとえば、「この製品を使って誰かが事故を起こしたとか、そういう悪いことをまずきちんと経営者に伝えてくれれば、経営者はすぐに対策を立てられるから」という考えだそうです。このような姿勢は大変いいことだと思います。

堀江

そうですね。悪いニュースを伝えるときに、受け手側がどういうスタンスを取るのか、あるいは、どういう対応を取るのかによって、発信する側の態度も決まってくると思います。

藤沼

多くの場合、忖度しますからね。

堀江

だから悪い情報を伝えたときに、「なにをやっているのだ」と頭ごなしに叱責されたり罵倒されたりしたら、担当者は、二度と言わなくなりますよ。

八田

私自身、いろいろな会社や組織等で社外の役員をやっていますが、関係者に対して、必ず「悪い情報については、速やかに伝えてもらいたい」という強いメッセージを常に発しています。

藤沼

それこそが大切なことですね。情報の伝達経路がどうあるべきかとか、オープンなコミュニケーション環境の醸成とか、教科書的にはきれいなことをさまざま言えますが、つまるところ経営トップの懐の深さといった教科書では表現できないようなところに行き着くように思います。

堀江

論点が少しそれますが、経営トップは、規範に対する社会的な変化にもっと敏感でなければいけないように思います。それは、最近の不祥事を見ていますと、本来は事件それ自体が問題視され、その点に焦点が当てられるべきなのですが、社会一般の感覚としては、新聞の社説が例外なく社風とか組織風土を問題とすることからもわかるように、会社全体が悪い、組織全体が悪いといった見方になりがちですよね。

八田

そのとおりです。

堀江

また、欠陥や不正行為や不祥事そのものではなく、それが起きた後の企業のあり方、具体的に言えば、組織としての隠蔽体質が突かれています。

藤沼

そういう状況に対して、組織としていかに対応するかということが今まさに問われているのではないでしょうか。

堀江

たとえば品質そのものの欠陥で言いますと、以前、マンションの耐震工事がうまくいっていなかったことがありましたよね。あれは人命にかかわる問題だと思います。まずそこに根本的な問題がある。ところが、それを隠蔽しようとして耐震データの改ざんという問題が起こる。データの改ざんが発覚したからよかったのですが、もし隠蔽されたままだったとすると鳥肌が立ちます。

藤沼　そうですね。粉飾決算も同じ論理で考えていいのではないでしょうか。

堀江　そうです。本当は、利益が減少し続けているとか、その実体や原因こそが本当の問題なのですが、粉飾という隠蔽行為、実体を正直に見せない行為が重なってしまうことが問題だということです。実体や原因を隠したり、ねじ曲げてしまうと、ますます傷口を大きくしてしまう。しまいには、取り返しがつかない事態に追い込まれてしまう。このように、最近多く問題になっている品質データの改ざんと粉飾決算は、ある意味、共通点があるように思います。

八田　おっしゃるとおりですね。そのためにも、不祥事が発覚した場合には、事後的にも必ず「真因」を究明することが不可欠なのです。それができてこそ、組織の再生も可能になるのではないでしょうか。

不正は覆い隠せない？

八田

ここで考え直してみたいことがあります。非常に単純な問いかけで、不祥事や不正を隠蔽できない状況、あるいは発覚のきっかけです。不祥事や不正自体は昨日今日の問題ではないと思うのです。

藤沼

もちろん昔からありましたよね。

八田

そうなると、今の時代は不祥事や不正が覆い隠せない、隠蔽できないような状況になっているからなのだろう、ということが発覚する理由の1つとして挙げられますね。

堀江

そうですね。昔ならば、その程度のことであれば大目に見ようといった風潮が、今日ではそうでなくなってきたということがあります。それと内部告発。さらには、個人レベルでの情報発信とその拡散が見られるようになり、これまでのように闇に葬ることが難しくなったということもあります。

藤沼　それと、国際的な規制ということも念頭に置く必要があるかもしれません。

八田　なるほど。

藤沼　チャイルドレイバー（児童労働）が一番いい例です。たとえば子供を安い労働力として使って運動靴や縫製品をつくったりといったことを発展途上国でやっています。そして完成した商品を市場に出す。しかし、最近ではそういう経緯でつくられた商品を売っている会社自身がおかしいと社会的に糾弾されてしまう。

八田　たしかに、イギリスの**現代奴隷法**(19)では、そうした事案についての禁止が規定されています。要するに、今のお話のように搾取したり、そういうものにかかわった製品やサービスを、使ったり売ったり受け入れることを禁止しています。

この現代奴隷法は大変ユニークな法であり、イギリスにおいて、一定金額以上の売上のある企業の場合、この法律の適用を受けて、そうした禁止条項に抵触していないかどうかを開示しなければなりません。

堀江　そのような規制が、ほかの国にも影響を与えてしまうということですね。

---

(19)　UK Modern Slavery Act 2015。英国で事業活動を行う営利団体・企業のうち、年間の売上高が一定規模を超えるものに対して、サプライチェーン上の奴隷労働と人身取引がないことを担保するために実施した取り組みについて、年次で報告書（Slavery and Human Trafficking Statement）を作成・公開することを求める法律。2016年３月31日以降に終了する会計年度から適用がはじまっている。

八田

もちろんそうです。そもそもアメリカでは自分のところでつくった証券関連法規については域外適用をやって、海外の企業すべてに網をかけますからね。そういうことは彼らにとってはお手の物ですよ。ところが日本はそこまでいかないで、一国のなかで議論をしようとしています。しかし企業は、ボーダレスでグローバル化してしまっている。だから国内法規、国内規範だけに目を向けるだけではなくて、広く海外の規制の動向にも目を配らなくてはならないということです。外国の規制にひっかかって、不正として露呈してしまう。

ところで、国連が2015年に採択した「持続可能な開発目標」（SDGs《エスディージーズ》）(20)の基礎となっているのも人権です。ところが、グローバルな企業の活動では従来、人権侵害の問題も指摘されているため、働き甲斐のある人間らしい仕事を推進することなどが目標に据えられています。このように、世界は今、サプライチェーンまでも意識した企業グループ全体の人権に対する責任が求められているのです。

堀江

グローバル化が進む企業においては、今後、こうした国際的な取り組みにも留意すべきですね。

藤沼

話を少し戻しますと、不正が発覚した理由については、それを告発した人、あるいはそれに対して疑問を持って相談した人の存在があるということです。われわれが目にするよ

---

(20) SDGsとは、2001年に策定されたミレニアム開発目標（MDGs）の後継として、2015年の国連サミットで採択された「持続可能な開発のための2030アジェンダ」に記載された2016年から2030年までの国際目標で、17分野の目標とそれらを達成するための具体的な169のターゲットから構成されている。

うな企業不正や不祥事の発覚の理由の大半は内部告発ですよね。

堀江　いろんな調査結果を見ても不正発覚のトップは、内部告発です。

八田　そうなると誰がそれを告発したのか、ということになります。告発者が特定されない場合もあるし、仮に特定されたとしても明らかにされません。人権の問題もありますからね。でも私は内部告発の事案が増加傾向にあることを考えると、告発者の1つのタイプとして、年齢的に若い人が挙げられるのではないか、と思っています。

藤沼　そうかもしれませんね。

八田　鈍感な昭和の時代の人ではなくて平成の時代に生まれた人。もう1つは時代が変わったということに対して敏感な感覚を持っている人。そのような人達ではないかなと推測していますが、そのあたりはいかがですか？

堀江　たしかに最近の学生を見ていますと、かなり意識が変わってきているように感じます。昔なら絶対に言わないようなことを、どんどん言ってきますから。

八田 あと、これはたぶん堀江さんの専門に近くなると思いますが、そういった意識の変化と同時に情報ツールの変化も大きい要因として考えられないでしょうか？ 要するに情報の発信チャネルが変わったということですね。

堀江 SNSなどをはじめとする、社会全体のIT化の進展、とりわけ個々人が社会に向けて簡単に情報を発信できるということが比較的若い世代の人達による内部告発増加の背景にあるかもしれませんね。特に若い人たちは、情報の発信に抵抗がないうえに、得られた情報に対しても即座に反応する。

八田 以前、弁護士の久保利英明さんと一緒にコンプライアンス関係の講演をしたとき、彼は「日本も含めて、世界の国々の国民のほとんどは1人1台のテレビ局を持っている」とおっしゃっていました。スマートフォンなどで、音声とともに画像も自由に発信することができるからです。

マンツーマンでのコミュニケーションではない形で情報が出てきていることに、私は時代の変化を感じます。コミュニケーションの手段のなかに最新の情報機器が入ってきて、若い人達の感覚はわれわれとずいぶん違ってきているようです。そのあたりのことをきちんと見極めたうえで、不正の問題を考えていく必要があると思います。早い段階での不正の抑止や防止、それを発見できる機会をつくっておかないとだめだということです。

藤沼 そうなってくると、内部統制の仕組みづくり、これも1つ大きな影響を受けることになりますね。

堀江 内部統制の構成要素である情報の伝達とコミュニケーションのあり方の変化を踏まえて、不正の問題を考えていく必要がありそうですね。

藤沼 不正はなぜ繰り返されるのかという点も踏まえて考えると、やはり今の社会では格差がかなり広がっていて、そしてVUCA(21)の問題が加速化しています。不正の機会がなくなるどころか、むしろ増加傾向にあると思います。

堀江 そういう状況に鑑みて、従業員等が不正に手を染めた場合、どういう動機があったのかも理解する必要がありますね。

藤沼 収入に見合わない生活をしているので金に困っているとか、営業目標達成についての上司からのプレッシャーが強いとか、このようなさまざまな動機による不正を牽制・抑止するためには、日頃からの部下に対する気配りとか、組織内における厳格な内部統制が必要

---

(21) VUCAは1990年代後半にアメリカで軍事用語として使われたものが2010年代にビジネス用語となり、「世界はVUCAとなった」というような使われ方をする。Volatility（変動性）、Uncertainty（不確実性）、Complexity（複雑性）、Ambiguity（曖昧性）の頭文字を並べたアクロニム（複数の単語で構成される言葉の頭文字をとって1つの単語とすること）である。

です。要するに不正を実行する機会をなくすということです。

また不正実行者は、一般に自分の不正行為を正当化することが多々あります。つまり犯罪者の自己弁護で、「自分が行った不正は会社にとっては取るに足らない金額である」などが正当化です。「不正のトライアングル」と言われていますが、この3つ、「動機」「機会」と「正当化」がそろうと不正の環境が整うと言われています。

八田 そこで大事なのは、企業のトップ自身が高い倫理観を持って会社の風土自体をつくり変えていくことですね。これは口でいうのはやさしいですが、なかなか大変なことです。

組織体質を変えることの難しさ

堀江　組織は、意思と感情を持った生身の人間の集まりである以上、不正の動機を完全に払拭できませんから、不正は永遠になくならないでしょうね。

八田　不正を防止するためには、組織の上の方の意識を初期化するぐらいに変えていかないとだめだという部分があると思います。

堀江　「初期化」とは、ずいぶんと過激な発想ですね。

八田　瞬時に処方するならば、ショック療法として、一気に外の目を入れるという方法があると思います。それは一過性になるかもしれませんが。

藤沼　外からリーダーシップを発揮できる社長を持ってくるとか。

八田　そのぐらいの覚悟がなければ、繰り返し不祥事が起きるような組織の体質は変わらないと思います。最近でも問題となった**神戸製鋼所**(22)などはだいたい10年スパンで問題が起きています。

私自身、2000年の初頭に起きた内部統制問題で議論になった神戸製鋼所に、「失敗からなにも学んでない」「優秀な従業員が不幸になっている」と申し上げたことがあります。そのときメディアから「では、八田さんだったら、どういうふうにすれば直ると思いますか?」と聞かれました。「この際一気に取締役の過半数を社外にすべきだ。ただし、ずっと社外に依存し続けるのではなく、短期間で、健全な組織を実現するためには外の血を入れないとだめだと思っています。2~3年かけて一気に体質の改善を行ってバトンタッチするような考え方があってもいいのではないか」、そう答えました。京セラの稲盛和夫さんがJALを2年半で再建させたことが、答えの1つのヒントになっています。

堀江　たしかに、会社が危機的な状況にあるとき、稲盛さんのような人は必要ですよね。

八田　ただ、そのまま稲盛さんの手法を取り入れてもうまくいくかどうか、それはわかりません。それと、以前、藤沼さんと一緒に**NHKのコンプライアンス委員会**(23)をやりましたが、そのときに、NHKの新会長としてアサヒビール会長の福地茂雄さんが就任されたことで、組織全体が大きく好転したことを思い出します。

---

(22)　1999年の総会屋への利益供与事件による元役員らに対する有罪判決、2006年の超煤煙データの改ざん、2009年の政治資金規正法違反による社長と会長の辞任、2016年のグループ会社でのばね用鋼材に関する試験データの改ざん、2017年のアルミ・銅製品の強度のデータ改ざんによる社長の引責辞任など、繰り返し不祥事が発生している。

(23)　経理不正を契機にNHKでは外部有識者からなる諮問機関「コンプライアンス委員会」を2度にわたって設置し（いずれも、委員長は八田進二（青山学院大学大学院教授））、コンプライアンス体制の確立に尽力してきた。最初のコンプライアンス委員会は、2006年9月から2007年9月までの1年間、第2次コンプライアンス委員会は、2007年11月から2008年11月までの1年間。

藤沼　ただ、その人がその場からいなくなると、またしばらくしてもとに戻ってしまうリスクがありますね。

八田　くわえて、別の組織で同じような効果があるかと考えると、またそれもわからないです。ただ、企業の体質を変えるために、そのくらいの覚悟を組織のなかで持つことができるかどうか。

堀江　不正が繰り返されるのは、企業の体質が変えられないからだという一般的な認識は、どの経営者も持っているのではないでしょうか。ただ、その実行は難しいですね。

八田　しかし難しいという状況を踏まえたうえで、何かヒントのようなものはありませんか？

堀江　組織特性の多様性から、これですべてが解決するといった決定打はないように思いますが、ジョンソン＆ジョンソン（Ｊ＆Ｊ）のOur Credoなんかは参考になりませんか。

日本語では「わが信条」としてホームページに掲載されています。誰に対する責任かということを明確にしたうえで、その責任を果たすためには何をしなければならないかを記述したものです。

藤沼　たしかに会社を健全なものにしようということが、今や全従業員にも浸透し、1つの企業風土になっていますよね。J&Jはその後も著明な名経営者を輩出しています。

堀江　今、話に出ましたJ&Jの例との関係で言いますと、**COSO(24)の改訂版ERM(25)（Enterprise Risk Management）**が重視している、企業のミッション、ビジョン、コアバリューから全社的なリスクマネジメントのあり方を考えてゆくということが参考になるかもしれません。リスクマネジメントでは、PDCAを回すことが大切だとかいろんなことが言われますが、まずもって、企業は何のために存在するのか、なにを目指すべきなのかというところから考えてみる。そうすれば、企業としてなにを一番大事にしなければいけないかということが自然と見えてくるということですよね。

八田　カルチャーですね。

藤沼　しかし現実は、それを浸透させることが難しい。

(24) Committee of Sponsoring Organizations of the Treadway Commission。トレッドウェイ委員会支援組織委員会と訳される。1985年に組織された「不正な財務報告に関する全米委員会」（委員長のトレッドウェイJr.氏の名前をとってトレッドウェイ委員会とも呼ばれる）を支援した5つの団体、米国公認会計士協会、米国会計学会、財務担当経営者協会（現在の国際財務担当経営者協会）、内部監査人協会、全米会計人協会（現在の管理会計士協会）により構成される民間主導の団体である。

(25) 2004年にCOSOから公表された『全社的リスクマネジメント―統合的フレームワーク』の全面改訂版であり、2017年に『全社的リスクマネジメント―戦略およびパフォーマンスとの統合』として公表された。旧版と比較して、組織の価値向上という観点から、リスクと価値の関係の強調、組織カルチャーの役割の重視、戦略とERMとの連携の強化などの特徴がみられる。また、構成も大幅に変更し、構成要素ごとに20の原則を示した。

堀江

たしかに難しいけれど、その点こそが最も大切ではないでしょうか。浸透させるように努力することもカルチャーですから。カルチャーは、一朝一夕にできるものではないという前提で考えざるを得ないといけないと思います。

ところで、最近では、株主総会のあり方もひと昔前から見るとだいぶ変わったという声をよく聞きますし、コーポレートガバナンス・コードの影響もあって、社外役員が多く登用されるようになってきています。このような変化は、企業のカルチャーだとか、経営者の意識変革にもかなりの影響を与えているということはありませんか。

八田

そうですね。株主総会での議決権には結びついていませんからそんなに大きな変化ではありませんが、改革の端緒の1つにはなるのかなというふうに思っています。経営サイドや組織を預かっている人間が、世のなかの意識や見方、さらには価値観が変わってきているということを理解し、それに敏感に応えられるような意識を持たないとだめだと思います。

堀江

それが社外取締役とか社外監査役を入れるという流れにつながったと思いますが、形式が整えられているだけで、実質にまで迫ってはいないように感じることはありませんか。

藤沼 ありますね。コーポレートガバナンス・コードも、形式から実質へと言っていますが、しかし、取締役会の議論などを見ていると、意外と社外役員も忖度していますよね。

堀江 それじゃあ、実質的に機能していないということですか。

藤沼 経営執行側からの提案事項に対して、「そうですね。今回はしょうがないですよね。それで行きましょう」という結論になってしまうことが多々ある。会社執行部の説明に反論できるだけの知識や経験がないからです。また社外取締役より多少情報量の多い監査役が発言しても、議決権を持っていないのでインパクトが弱いと感じることがあります。

形式的に取締役会に社外の人間を入れたといっても、その人自身の資質や性格によって取締役会の実効性にも影響すると思いますね。

堀江 つまるところ、各企業の実態に則した魂が入るような運用でないとダメだということですね。この点に関連して、非営利組織の場合はどうでしょうか？

八田 事業会社の場合は私企業ですから個々の考え方にのっとっても構いません。しかし非営利組織の場合はより厳格な対応が求められると思います。少なくとも評議員や理事のなかに外の目を過半数は入れるべきだと思います。相撲協会やレスリング協会の場合などの理事および評議員については、直ちに過半数の外部人材を選任すべきだと思っています。大学に対してもそうです。ところがそうすると、事業の実態を知らない人間には組織の運営ができないとか、相撲やレスリングをやったことがない人間に相撲協会やレスリング協会の運営などできないと言われるのが関の山です。

しかし、それはまったくの誤解であると言えます。あくまでも、執行と監視・監督の分離という視点から見るならば、逆に専門的なマネジメント能力のない内部の関係者が組織を運営すること自体が無理なことであり、組織の発展を阻害するものと言わざるを得ません。

事業会社における不正と非営利組織における不正の違い

堀江 非営利組織の不正問題に話が移ってきました。事業会社との違いを踏まえて議論してみたいと思います。

地方自治法が改正され、都道府県や政令指定都市では、2020年までに、上場会社のように内部統制の基本方針を定め、必要な体制を整備しなければならなくなり、自治体でも不正対応のための内部統制の整備ということが言われるようになりました。

藤沼 やはり非営利組織のガバナンス体制が弱いのは事実ですよね。

八田 会社の場合ですとステークホルダー、つまり説明責任を果たさなければならない対象が明確にあるわけです。ところが非営利組織の場合、誰がステークホルダーなのかといった、結構、悩ましい問題もあります。

堀江 本当は、ステークホルダーというのは明確なはずなのですが、それが業務のなかで十分に意識されていないケースが多いということではないでしょうか。アカウンタビリティを果たすべき対象となると、なおのことその傾向があるのではないでしょうか。

藤沼　誰に対して説明責任があるのか。そういうことが不明瞭ですよね。

八田　本当は国民全体に対して説明責任があるのですが、そういう意識がなかなかないわけです。

藤沼　地方自治体に勤めていた知人が、定年後、県の美術館みたいなところの副館長のポストについたのですが、そのポジションは楽だったと言っていました。KPI(26)もなにもないから、どうしたら入館者が増えるかとか、いろいろな固定費を削減する方法を考えるとか、業務内容を向上させる意識があまりないんですね。お客さんにいかに満足してもらうかという視点で、具体的な目標を決めPDCAを回していくことができていない。

八田　堀江さんが問題提起された内部統制との関連では、２００８年に、上場会社向けの内部統制報告制度が導入されましたが、そのときに、こうした流れはすべての組織、機関、事業体に必ず伝播すると感じました。それから10年以上経ちましたが、当初意図したとおり、非営利の組織・団体、そしてそれを規制している関連法規等に内部統制の考え方や仕組み

(26)　KPIは「Key Performance Indicator」の頭文字を取った言葉で、一般的に「重要業績評価指標」と訳される。ビジネスを成功させるために各部門が明確な目標を持ち、その目標に向かって業務が遂行されているかを定期的にチェックすることで、業務の遂行度を数値的に測定する役割がある。

が導入されるようになってきています。

藤沼

問題なのは、非営利組織の責任者が業務運営を実質的に誰かに任せてしまう場合が多々あることです。そのようなこともあり、日常の業務を任せられた人が組織の財産を私的に流用してしまった事件がありました。少し前の事件ですが、青森県住宅供給公社の経理担当者が8年間で約15億円を横領し、結婚したチリ人女性に約11億円も貢いでいた事件がありました。非営利組織体では似たような事件はその後も繰り返されています。ガバナンスも内部統制もまったく機能していません。

八田

そうですよね。内部統制の所有者は経営者だと言われます。組織のトップないしは上層部の方々の意識が麻痺していたら、内部統制も機能しなくなるわけです。それをどうやって監視し、歯止めするのか。そこが大前提として求められるということです。

事業会社の場合ですと、株主総会という最高意思決定機関があります。あるいは場合によっては、もう少しレベルダウンして取締役会の指名委員会とかで抑止的な力が働くかもしれません。ところが公益的な団体は、誰が、どこで監視し、歯止めするのかということです。これは公益法人として認可している国および地方自治体になるわけです。公益認定等委員会などがそうですよね。ところが、ここは組織も小さいですから全部に目が届かない。

すべての公益的な団体に対して、毎年、定期的にチェックすることは、日本の社会ではなかなか受け入れられません。なぜならば、お互いに信用しているからです。したがって、こうした紳士協定とも言える信頼関係を削ぐような事例に対しては、厳罰に処すべきだと思っています。ただ、厳罰化の流れを指摘すると、必ず、また違った意味での反対が起きるんです。

堀江　なるほど。その点、アメリカなどはどうでしょうか。

八田　エンロン事件やワールドコム事件を契機に、アメリカで２００２年に**SOX法**(27)が成立しました。その後十数年経ちましたが、あれを凌ぐような大型の企業不正事件は起きていません。機会があって、アメリカの**PCAOB**(28)への取材に行ってヒアリングを行ったときのことですが、向こうはまずわれわれに対して、「オリンパスや東芝スキャンダルなど大型の不正に歯止めがかかっていない」というわけです。それで「アメリカでは、大型不正は起きていないのか？」と尋ねると、大型のものはないが、決して「ゼロではない」ということでした。

堀江　ゼロではない？

---

(27)「上場企業会計改革法および投資家保護法」と呼ばれる米国連邦法であり、2001年と02年に発覚したエンロンおよびワールドコムによる巨額不正事件の発覚を契機に、企業で相次ぐ不正会計への対応として制定された企業改革のための法律である。法案を提出したポール・サーベンス（P. Sarbanes）上院議員とマイケル・G・オクスリー（Michael G.Oxley）下院議員の名前を付してSOX法と呼ばれている。企業会計・財務諸表の信頼性確保を目的として、監査の独立性強化、コーポレートガバナンスの改革、情報開示の強化、および説明責任等に関する規定が設けられている。

(28) 公開会社会計監視委員会（Public Company Accounting Oversight Board）は、2002年の米国SOX法に基づき、公開会社の監査を担当する監査人を監督する目的で設置された機関である。公開会社の監査を担当する監査人に対して当該委員会への登録を義務づけるとともに、登録会計事務所による監査の品質管理の状況などを評価すべく、定期的に検査を行ってその結果を公表するとともに、必要に応じて制裁を行う。

八田
つまり、「IPOとか小規模企業における不正は発生しているが、大きいところはない」との回答でした。なぜ起きていないのか。答えは簡単で、SOX法により、経営者に対する厳罰化が効いていると言うのです。

藤沼
みんなまだ監獄に入っていますね。

八田
だから、あえて申し上げたわけです。公益的な立場での業務遂行を行っていると言っておきながら、それを裏切って不正がなされているのであれば、厳罰化という手も1つあるのかなと。

堀江
見方を少し変えて、ガバナンスという観点から見てみますと、非営利組織と一口で言ってもそれぞれ風土が違っているし、仕組みも違っている。たとえば学校法人では、教授会の自治が強すぎて、改革が進まなかった。だから、もう少し理事会だとか学長といったトップが権限を持てということになった。それはそれで間違ってはいなかったと思いますが、それを法人のトップが勘違いしてしまうわけですよ。

藤沼
当時、文部科学省もそれを推進したわけですからね。

堀江

ガバナンスには、経営トップに対する規律づけ、もっと言えば、経営トップが暴走しないようにするための仕組みという機能があるはずです。ガバナンスを日本語に直せば「統治」。この言葉を勘違いして、「下々の者は全部俺たちの言うことを聞いていればいいんだ」となってしまう。加えて、ガバナンスが問題だと言われる事例を見てみると、このようなガバナンスに対する誤解もそうですが、ガバナンスを単に仕組みとしてしか見ていない点にも問題があるかもしれません。ガバナンスは、機関設計をどうするかよりも、その機能とか働き、つまり動的なプロセスに着目する必要があると思います。

また、非営利組織でも自治体に目を向けてみますと、前例の踏襲や慣例・慣習を非常に大事にしますし、事務手続の標準化が進んでいる印象がありますので、内部統制に関しては民間企業よりも馴染みやすいのかなと感じます。

藤沼

内部統制という言葉が小池百合子東京都知事の口から出てきても、堀江さんからすれば、違和感などまったくなかった？

堀江

そうです。ただ、現場では、そうは受け止められなかったようですが。

八田

たしかに以前に比べて、公的な機関や非営利的な組織においても、ガバナンスとか内部統制といった議論が日常茶飯事のように使われるようになってきていますね。

ともあれ、学校法人にしても自治体にしても、本当に内部統制の根本的な一番大事な部分について、果たしてしっかりと理解しているかどうか。私はその部分こそ問題にしなければならないと思います。いずれにしても、内部統制の精神というか、なぜ内部統制が必要なのか、ということをまず組織のトップが十分に理解する。そのような意味では、基本的に、民間企業と違う点はなく、非営利だからという理由で、なんら違った考え方があるというわけではないと思います。

堀江さんが言うように、業務の内容も、その定型性という点において、自治体等の方が内部統制という考え方に馴染みやすいということがあるのではないでしょうか。それでもうまくゆかないことがあるというのは、なにか別に問題があるのでしょうか。

藤沼 やっぱり人材がいないんですよ。自治体の推す外部有識者が名誉職としてトップとなるようなことが多いと思います。東北の農業協同組合で**使い込みの不祥事**(29)が次々と明るみになりました。たとえば、その団体のことをよく知らない人が権限を持つ立場について、実際の業務は別の誰かに任せてしまい監督もしていない。結局、その任された人が団体の資金を使い込んでしまったわけです。非営利組織ではそういう事件が結構あります。

堀江 トップに立つ人の問題意識も含め、内部統制の知見を持った人材の不足が原因となって、

---

(29) 岩手県大船渡市農協の職員が、管理を担当する団体の預金を不正に引き出すなどして計約4200万円を着服（2018年10月発表）、庄内みどり農協（山形県酒田市）の職員が組合員でつくる生産者グループの貯金口座から計約830万円を着服（2018年11月）、そして福島さくら農協（郡山市）の職員が316万円を着服（2018年７月）するなどの不祥事が発覚した。

不正事件が起きるケースが多いということですね。

八田　基本的に人事のローテーションがきちんと働いていれば、そういう問題が起きたとしても、早期に発見できる可能性はあるわけです。しかし個人の横領や着服、そのあたりの問題は、不正に手を染めた人に仕事をほとんど任せっぱなしだった。要するに監視も牽制も効いていませんね。

堀江　たしかに、内部統制のイロハができてないところで不正が起こっているんですよね。その根本的な原因なり要因は別にすれば、表面的には極めてシンプルな欠陥なり弱点ですよね。

八田　今、お話にあったように、非営利組織の場合、まずもって内部統制の体制が整っていない場合がほとんどであり、人的な資源においても不足しています。

藤沼　体制の問題と人材不足がポイントとなりそうですね。

堀江　組織自体が持っている特殊性とか違いはありますが、やはり、目指すべき方向性は、営利、非営利を問わずいずれの組織であっても同じではないでしょうか。

藤沼 同じですよね。

八田 そのためには不正という問題を1つの契機として、盤石な組織体制と信頼性のある仕組みをつくっていくこと、それが求められている状況にあるということです。

次に、会計不正と最近の特に日本の物づくり企業における品質データ等の改ざんについて考えていきたいと思います。

開示不正に対する消費者目線の重要性

八田

日本ディスクロージャー研究学会の共同研究において、会計不正以外の不正の研究ということで、「開示不正」に関する研究会を立ち上げたことがあります。その報告書のなかにも書いたことですが、少なくとも会計不正と開示不正には共通点が多い。簡単に言うならば、正しい情報を正しく作成して関係者に対して伝達しておらず、いわば嘘をついているということです。

堀江

品質データの改ざんなど、最近では、開示にからむ不正が目立ちますね。

藤沼

それ以外にも多様な不正が出てきています。しかし、開示不正だけに限定して考えた場合、やはり日本は粉飾決算にも象徴されるように、責任ある立場の人が、ステークホルダーと称される関係する人々に対して的確な説明材料を持って適切に説明し、自分が負っている責任を解除してもらうという、アカウンタビリティの意識が欠落していているのではないかということです。

堀江
日本の文化として、アカウンタビリティというのは、そもそも根づきにくいということがあるかもしれませんね。

八田
「任せたからいいよ」という感じですね。しかしなにか問題が起きると「ひどいじゃないか」となる。情報を受け取る側も、権利を主張するだけでなく、正しい情報を適時に受け取って責任を解除してあげるといった責務があるはずです。それを怠っておきながら、なにか問題が起きたときだけは、責任を問おうとします。

民主主義社会は、健全な情報が飛び交うなかで、その情報を吟味し、お互いの自己責任で判断していこうというものですよ。データ改ざんにしても、業界では特採（特別採用）ということにして、問題を根本的に追及しない。しかしそれは、どう考えても契約違反です。当事者が認めても、当初の原契約書の段階ではこういう品質のものを提供すると決めたわけですから。これはアメリカだったらすぐ訴訟になりますよ。

藤沼
そういうことですね。購入側がまず非現実的な購入条件を求めて、なにか問題が起きたら特採で救ってあげましょう、という感じですね。

ところが競争環境が激変すると、そのような慣行は時代遅れで、「それはおかしい」という声が上がる。「契約書どおりの仕様にしてほしい」ということになるので、昔のような相互信頼関係が崩れてしまうわけです。

八田　それはB to B[30]の話ですね。しかし最後はB to C[31]の関係にいきますからね。「自分は騙されていた。求めていた品質ではなかった」とカスタマー（C）が怒りはじめて問題が起きるわけですよね。ですから、最後は末端にカスタマーがいるという意識を常に持たなければなりません。

藤沼　そこが問題になりますよね。顧客から「注文書のとおりにつくり直してほしい」と言われたりすると、追加コストが発生しますので、修繕引当金等の不足につながってしまいます。財務諸表にもインパクトが出るわけです。

堀江　今のお話を聞いていて、たしかに今まではB to Bで考えてきたように思います。八田さんがおっしゃったとおり、その先にはCがあるわけです。それを踏まえると、どこを見て経営すべきなのか、その視点がどうしても弱いように感じます。

藤沼　そうですね。

堀江　それともう1つ。八田さんの先ほどの発言のなかで、こういう見方もあるのかと思った

(30)　企業間取引を指し、製造業者（メーカー）と卸売業者の間、卸売業者と小売業者の間など、企業間での商取引のこと。B2Bと表記されることもある。

(31)　企業対消費者間取引で、企業が一般消費者を対象に商取引を行うビジネス形態をいう。B2Cと表記されることもある。

ことがありました。要するに、不正というのは、それをやる側だけが悪いと言われますが、情報の受け手側やモニタリングする側がきちんとモニタリングしているのか、言うべきことをしっかりと言葉にしているのか、この視点は非常に重要です。今までそういう視点で議論したことはほとんどなかったですよね。

八田 ないですね。

堀江 不正というのはやる方が悪いと一方的に考えがちです。しかし、必ず相手があることなんですよ。会社の粉飾決算にしても株主がいるわけです。なぜきちんとモニタリングしてこなかったのかというところ、これは1つの大きな反省材料かもしれませんね。

八田 今の話との関連で思い出したことがあります。それは、消費者庁が2016年4月に出した**消費者志向自主宣言**(32)という目標値です。企業が消費者の方をきちんと向いて経営しているかどうかを各会社に宣言させるものなんです。

堀江 そうなんですか？

八田 そうなんです。それで先日、たまたま私がかかわっている会社で、その目標値を出すと

(32) 消費者庁の「消費者志向経営の取組促進に関する検討会」が2016年4月に取りまとめた報告書に規定されているように、「消費者の視点」「健全な市場の担い手」「社会的責任の自覚」を重視した事業経営に努め、事業者として組織体制の整備や具体的な取り組みを進める経営をいう。

いうことで議論がありました。すでに150社くらいが宣言を行っていて、それぞれの会社のホームページに載せています。任意ですが。

藤沼　各企業が目標値を自分で書くわけですね。

八田　そうです。それで主要な会社に対しては消費者庁がやってくださいというわけです。それで、また揉めましてね。すでに顧客志向の経営を実践しているわけですから、「うちはすでにお客様志向でやっている」と言うわけです。

藤沼　なるほど。

堀江　ただ、こういうものが出されると、形式基準ばかりが先行してしまい、かえって経営の自由度を殺いでしまう懸念が出てきませんか?

八田　おっしゃるとおりで、まさにそのことを言いたいんです。行政が絡んで法律が絡んで、あれもこれもとなると、どんどん息苦しくなって、一番大切な魂が入らなくなります。

藤沼　そうですよね。堀江さんと同じ意見です。形式主義になってしまう。

八田

そのとおりです。だから私はあまりこういうものは好きではないですね。「うちは言われる前から消費者目線の経営をしている」、そういう声明を出せばいい。ただ、不特定多数の人が宣言を目にしたときに比較するわけです。同じ業種でここの会社は出しているのに、ここの会社はやってないと。宣言を出している会社の方が説明力が高いと思われるわけですから。今はいかに適切に、健全に、タイムリーに説明することができるか、この能力が必要とされています。

堀江

なるほど。開示不正の問題を考える際のまさに根っ子となるのが、健全なアカウンタビリティ、説明責任の履行ということですね。

第2部

内部統制・ERM・監査との関係

第1部では、不正会計の問題を中心としつつ、さまざまな広がりをみせる不正が及ぼす影響について見てきました。そこで、第2部では、このような不正をいかして防ぐかということに話を進めていきます。

内部統制や全社的リスクマネジメント（ＥＲＭ）といった言葉を耳にされた方も少なくないと思います。これらを組織内の単なる仕組みとして整えても、決して不正はなくならないでしょう。その仕組みに「魂」を入れてやることが必要なのです。

第2部では、このような視点から、不正のための防御線としての内部統制とＥＲＭをいかに活きたものとするか、そして不正摘発の最後の砦となる監査との関係などを含めて語っています。

内部統制報告制度は粉飾決算の予防・発見に機能してきたか

八田

不正や不祥事が多様化、複雑化、高度化、ないしは国際化してきたことで、これからの対応も大きく変わっていくだろうということが、これまでの理解でした。そのことを踏まえて、もう少し現実に目を向けてみたいと思います。

金融商品取引法のなかで、上場会社に対して内部統制報告制度が導入されて、ちょうど10年が経ちます。これは当時、企業社会に対してかなりインパクトを与える出来事でした。それとほぼ並行する形で今の会社法のなかにおいても、健全な体制づくりが必要だということで、取締役会に対して、内部統制構築義務が求められました。そのような流れがあって、２００６年、２００７年ころには、内部統制ブームが起きたと言われています。

堀江

そうでしたね。

八田

制度導入のきっかけは、企業不正の防止だと言われています。特に金融商品取引法については「財務報告に係る内部統制」ということで、会計周りの内部統制が中心に議論されました。内部統制の原点はやはり会計にあるという認識であったかと思います。しかし、制度導入後も、オリンパス問題、その後、東芝においても不正会計問題が起きています。このような状況を考えると、この内部統制報告制度は、本当に不正会計を予防・発見するために機能してきたのかということで、疑問が発せられています。そのあたりのことを一度総括してみようと思います。

そこでまず堀江さんにおうかがいします。日本の内部統制報告制度は、不正会計に対してどのような役割を担ってきたのでしょうか?そして制度の問題点や課題があるならば、その部分にも触れていただきたいと思います。

堀江　制度導入当初は、相当な緊張感を持って取り組みがはじまり、その後も、不正会計の予防や発見さらに牽制的な意味については、それなりの機能を果たしてきたと思います。

八田　そうですね。

堀江　ただ、制度の宿命というと大袈裟かもしれませんが、経営者評価も、またその監査も徐々に形式的な作業に陥りはじめた。経営者評価では、企業をとりまく外在的、内在的なリスクの変化にもっと敏感になって、その点にこそ目を向けてゆかなければならないのに、「内部統制の基準に形だけでも合わせないといけない」となってしまった。そうしないと「監査が通らない」という論理です。

この内部統制の基準について、会社側にしても監査人側にしても、「もっと実質判断ができるように自由度を持たせてもらいたい」という本音がある一方で、「ある程度、やるべきことを明確にしたり、場合によっては数値基準等を示してもらわないと対応できない」ということから、どうしてもそれに準拠しさえすればいいという形式優先主義になってしまう。そんなこともあったのではないでしょうか。

八田

藤沼さん、いかがですか？

藤沼

制度導入のときに、コストが非常に高くつくということで経済界が金融庁に猛烈に働きかけ、結果的にかなりの緩和措置をつけることになりました。たとえばダイレクトレポーティングは採用しない、評価範囲決定に当たっての数値目標や例示を示す、評価範囲外から重要な欠陥が発見されても訂正報告書は必要ないなど、そういう軽減措置をつけたために、内部統制報告制度の規範性が弱くなったと私は見ています。

たとえば、富士フイルムの子会社である富士ゼロックスのニュージーランドにある子会社で、内部統制上、粉飾に近いものが出てきたことがありました。この子会社はさほど重要なものではないという理由で評価対象外としたわけですが、それが何年間にもわたった場合には合計すると大きな金額になるわけですから、評価対象の選定は会社の全体的なリスク評価に委ねる方が妥当だと思います。

八田

そうすると、どのような見直しが必要だとお考えですか？

藤沼

今までは、内部統制評価に当たっての数値目標や具体的な事例を示していたので、評価対象外のところで発覚した内部統制上の不備等は、いわば「おとがめなし」の状態であったわけですね。要約すると、①会社の内部統制上の評価範囲の決定に当たって提示された例示は廃止し、評価範囲は会社自身のリスク評価に委ねること、②不正の兆候や重要な内部統制上の欠陥があると認められる場合には、監査人にダイレクトレポーティングの実施を認めること、③評価対象外のところで発覚した内部統制上の不備等は、会社の責任であるので訂正報告書で報告し、その訂正内容について監査人の監査を受けること、などです。このような3つの観点で見直しをしていただければと考えています。

堀江

今、藤沼さんからかなり具体的なお話が出てきましたので、それに関連して意見を述べさせていただきます。財務諸表に虚偽の表示が発見され、有価証券報告書の訂正があれば、その原因には内部統制の重要な不備があったということになる。

このようなロジックはたしかに間違っているとは言えないのですが、その点に関連して、私は企業会計審議会の内部統制部会で、次のような内容の発言をさせていただいたことがあります。たとえば決算に明るい経理担当者がいないとか，会計処理の監査を担当できる内部監査人が存在しないといったように内部統制にもともと不備があってそれが財務諸表の虚偽表示につながる可能性が高い場合と，財務諸表の虚偽表示が発覚し，その結果，虚偽表示の原因が内部統制の不備にあった場合とで，この２つを明確に分けて開示すべきではないかという提案です。

八田

なるほど。

堀江

財務報告における重要な虚偽の表示が顕在化したり，監査人からの強い指摘があったりしない限り，経営者は内部統制に重要な不備があるとの判断を下すことは，現実には難しいのではないかということはよくわかります。

しかしながら，そもそも内部統制報告制度は，投資者に対して，経営者が認識しているリスクとそれへの対応策としての内部統制の適切性に関する情報を提供することにあるわけですから，内部統制に重要な不備があって，それが不適切な会計処理や決算に結びつく可能性についての開示こそが重視されるべきではないでしょうか。

このように，可能性についての開示と，結果からする開示の両者を「開示すべき重要な不備」という用語で一括りにするのではなく，用語を使い分けるというのも意味があるように思います。

藤沼

そういう考え方もありますね。

堀江

それから、もう1点、藤沼さんがおっしゃったのが、経営者による内部統制の評価範囲の問題です。内部統制の基準では、全社的な内部統制については、連結売上高で95％に入らない事業拠点については評価対象から除外してもかまわないとされています。基準では、「原則として、すべての事業拠点」と書かれていれも、例外規定的に、5％除外してもかまわないと書かれると、その例外が原則になってしまう。また、重要な事業拠点の選定についての3分の2基準というのもありますよね。もしかすると、このように除外されたところこそが問題を抱えているかもしれない。

藤沼

たとえば規模の小さな子会社ですね。

堀江

そうです。単に数量的な基準だけで切ってしまうと問題が出てくる可能性がある。藤沼さんがおっしゃったように、規模が小さくて、海外にある拠点などが問題だというケースもありますよね。たしかに財務諸表の重要な虚偽表示に結びつくかどうかということでの評価を考えますので、この重要性の基準を数値で示すことには意味があるのですが、それを形式的に適用しようとする傾向こそが問題だということです。

今後の見直しを想定したとき、もう少し創意工夫ができるような仕組みにならないものでしょうか。そもそも内部統制というのは、各企業が自らの責任において自律的に構築し、運用するものですから、リスクをどう捉えているかの開示が重視されるべきだと思います。

藤沼　そうですね。

堀江　それともう1つ。制度では、比較的規模の小さな上場会社ですとか、新興企業に対する軽減措置がさまざま設けられていますが、投資者保護という観点からする制度としての内部統制が求められるのはこのような企業ではないでしょうか。たしかに、このような企業では、人材不足といった問題もありますので、軽減するのではなく創意工夫を促すという視点が必要ではありますが、そういったところにポイントを絞った改正を図るといった考え方もあるのではないでしょうか。

八田　たしかに一括りで上場会社と言っても、大きな差がありますしね。

堀江　この制度の導入時に、審議会の委員に日立製作所の方が入っていて、内部統制対応に100億円使ったという話が出てきたときにはびっくりしました。この制度が本当に必要なのは新興企業ではないかと思っていましたし、日立のようなわが国を代表するような大規模企業の内部統制を言われても、新興企業にはピンとこないのではないでしょうか？

藤沼

新興企業や中小の上場会社には、大企業と違って企業のガバナンスや内部統制の基本的部分をもっと簡潔に、あるいはわかりやすく構築することと、開示の仕方も工夫することが必要ですね。

堀江

まったく同意見です。

藤沼

その一方で、経団連代表の発言は、会社の立場で言っているのではなく経団連を代表して言っているということなんだと理解しています。要するに経団連のメッセージは、「監査にコストをかけるな、新しい手続が導入されたとしても、できるだけコストをかけるな」というメッセージを長年一貫して言ってきたことなんですね。

ほかの費用と同様、監査コストも削減対象というのが経済界の基本的な考え方です。ただ、最近はコーポレートガバナンス・コードやスチュワードシップ・コードの影響で、かなり、環境は改善されつつあると思っています。

八田

経団連企業は発言力もありますが、新興企業や規模の小さい企業は経団連企業に入っていないため、そこからの意見はなかなか聞けないわけです。ところが、そういうところで非常に数多くの問題が発生していることも事実です。

したがって、制度自体の問題なのか、あるいは制度の運用に関する問題なのかということで、どこかで線引きを行う必要があるのではないでしょうか。その1つの指針として、内部統制評価の範囲として、経済界の強い要請による、売上高で「3分の2」のカバー率という数字がありますが、それは1つの目安であって絶対ではないということを再確認すべきだということです。

堀江

そのとおりなんです。ですが、基準に数値が書いてあると、どうしてもそれがひとり歩きしますよね。「95％」「3分の2」といった数値も、基準をよく読むと、必ずしもその数値に縛られる必要はないし、きちんとやれと書いてあるんです。しかし数字を示されてしまうと、その時点で「うちは3分の2でいきます」となる傾向がありますね。

八田

それを盾に企業側が説明すると、監査法人も受け入れざるを得ない部分があるわけです。もともと内部統制の評価に関しては、企業サイドにも公認会計士監査で用いているようなリスクアプローチ的な発想を要請しています。

藤沼

リスク評価に関して、質的な部分や海外拠点の部分に関しては、当然会社の方がわかっているわけですから、本来ならそれを織り込んで、評価する必要があります。

八田　そうです。しかし、やはり基準のなかに記載されていることから、それが金科玉条となって、絶対値のような指針として横並びでの適用になっている。それを見るだけでも自主性を持った創意工夫を凝らした内部統制対応ができていないということです。

堀江　八田さんがおっしゃる「自主性」とか「創意工夫」。内部統制の構築や運用では、ここがポイントですよね。その点が忘れられるから、制度の形骸化といった議論が出てくる。

八田　実はこれも想定していたことですが、当時、内部統制報告書の書き方について、個々の企業の内部統制の実態がよくわかるようにするためにも、画一的で、横並びではだめだということを話していたのですが、結局は、全部横並びの状態です。日本人は、どうしても主体的に自分たちで考えた対応をすることが不得手のようです。

それと、今、一番深刻な問題は、先ほどから議論に出ている有価証券報告書での財務諸表に関して訂正報告が出たあとに、過年度にさかのぼって、内部統制も有効なものから有効ではないものに変える例が頻発しているということです。このところ、この内部統制報告書の訂正事例が年間50件を超える状態になっているようです（**図表3**）。

そして、さらにその訂正内部統制報告書に対しては、未監査状態になっているのです。

私は当初、内部統制報告書の訂正報告を行う場合には、併せて、訂正監査報告書が出る

[図表３] 内部統制報告書の評価結果の実態

年　度	内部統制は有効である	内部統制は有効でない	評価結果を表明できない	合　計
2009年６月から2010年５月までに提出分	3,678社(97.2%)	92社(2.4%)※1	15社(0.4%)	3,785社(100%)
2010年６月から2011年５月までに提出分	3,678社(98.9%)	34社(0.9%)※2	６社(0.2%)	3,718社(100%)
2011年６月から2012年５月までに提出分	3,623社(99.4%)	15社(0.4%)※3	６社(0.2%)	3,644社(100%)
2012年６月から2013年５月までに提出分	3,566社(99.36%)	22社(0.6%)※4	１社(0.04%)	3,589社(100%)
2013年６月から2014年５月まで提出分	3,556社(99.3%)	23社(0.6%)※5	２社(0.1%)	3,581社(100%)
2014年６月から2015年５月まで提出分	3,575社(99.5%)	18社(0.5%)※6	０社(０%)	3,593社(100%)
2015年６月から2016年５月まで提出分	3,608社(99.0%)	36社(1.0%)※7	１社(０%)	3,645社(100%)
2016年６月から2017年５月まで提出分	3,627社(98.9%)	39社(1.1%)※8	１社(０%)	3,667社(100%)
2017年６月から2018年５月まで提出分	3,670社(99.2%)	29社(0.8%)※9	１社(０%)	3,700社(100%)

※１　この外に、訂正報告書により「有効」から「有効でない」に訂正した会社が８社ある。
※２　※１と同様の会社が16社（うち９社は2008年度分の訂正）ある。
※３　※１と同様の会社が27社（うち６社は2008年度分、10社は2009年度分の訂正）ある。
※４　※１と同様の会社が51社（うち10社は2008年度分、12社は2009年度分、14社は2010年度分、15社は2011年度分の訂正）ある。
※５　※１と同様の会社が47社（うち３社は2008年度分、５社は2009年度分、７社は2010年度分、９社は2011年度分、６社は2012年度分、17社は2013年度の訂正）ある。
※６　※１と同様の会社が49社（うち２社は2009年度分、８社は2010年度分、９社は2011年度分、13社は2012年度分、15社は2013年度分、２社は2014年度分の訂正）ある。
※７　※１と同様の会社が57社（うち６社は2010年度分、10社は2011年度分、11社は2012年度分、16社は2013年度分、12社は2014年度分、２社は2015年度分の訂正）ある。
※８　※１と同様の会社が71社（うち４社は2010年度分、10社は2011年度分、11社は2012年度分、16社は2013年度分、18社は2014年度分、12社は2015年度分の訂正）ある。
※９　※１と同様の会社が79社（うち２社は2011年度分、10社は2012年度分、12社は2013年度分、16社は2014年度分、19社は2015年度分、19社は2016年度分、１社は2017年度分の訂正）ある。

のかと思っていましたが、それはなくていいということなのです。

藤沼

そうなんですよね。

八田

このように、現行制度ではすべてが中途半端な状態になっているようです。そうすると、真面目にやった方が損をしているのではないかと思ってしまいます。ある程度、手抜きでの内部統制評価を行っておいて、事後的にばれたら直せばいいだろうということで、モラルハザードが起きる可能性があります。

そこで、制度導入からすでに10年を超えたので、このあたりで一度制度の見直しを行うことも必要かもしれません。実は、公認会計士の業界でも関係者の間で見直そうという議論が起きてきています。

堀江

もう、ここまできたら、現状のままの放置はできないのではないでしょうか。

藤沼

10年と言う節目で、ちょうどいいじゃないですか。

八田

せっかく導入した制度ですから、制度にかかわる関係者全員が知恵を出しあって、世界に誇れる制度として運用できるように対応することが必要だと思います。

堀江 その場合の1つのアイデアとして、最近、**監査報告書の透明化**(1)が「監査基準」の改訂を通じて制度化されましたが、私はむしろ会社の経営者がつくった内部統制報告書の透明化を図るべきだと思いますね。

八田 なるほど。

堀江 経営者が、どのようなリスクを認識し、それをどのように評価したのか、それを開示しないで、「うちの内部統制は有効です」なんて言われたってね……。

藤沼 実は、会社の取締役会では、金融商品取引法上の内部統制よりも会社法の内部統制に時間をかけている。要するに「業務の適正を確保するための体制」とその運用状況は、株主総会に向けた事業報告への記載事項だからです。

八田 ただ、内部統制の議論だけに特化してしまうと、金融商品取引法上の内部統制報告制度だということで、どうしても重点が会計周りのことだけになってしまいます。

実際に現場を見ていると、会社の方は会計だけではなくて、たとえばＩＴの問

---

(1) 公認会計士または監査法人が作成する監査報告書において、財務諸表の適正性についての意見表明の記載に加え、監査人が着目した会計監査上のリスク(「監査上の主要な検討事項(Key Audit Matters: KAM)」という)を記載することをいう。KAM の記載によって、財務諸表利用者に対して監査のプロセスに関する情報が監査の品質を評価する新たな検討材料として提供されること、監査人と監査役等の間のコミュニケーションを通じてコーポレート・ガバナンスの強化や監査の過程で識別した様々なリスクに関する認識が共有されること等が意図されている。このように、監査報告書の情報価値の向上を目的として、国際監査・保証基準審議会(IAASB)の「国際監査基準」に導入され、諸外国においても導入が進められていることから、わが国においても、2018年の「監査基準」改訂において導入された。

題とか、いろいろなところに内部統制の網をかけています。たしかに、法あるいは制度で規定しているのは会計の部分ですが、内部統制に対する意識をもう少し広く捉える必要がありますね。私自身、本来、内部統制というのは経営管理全般だと思っていますから。

堀江　その点、八田さんの意見には大賛成です。「財務報告に係る内部統制は十分に整備し適切に運用しています。しかし、業務の有効性や効率性が著しく削がれたり、あるいはコンプライアンス違反で会社が左前になりました」では、なんのための内部統制かわかりませんものね。

藤沼　そういうことですよね。

八田　まさに今はやりのガバナンスの議論と表裏一体の問題です。そうすると「内部統制が機能しない」イコール「ガバナンスが機能してない」ということで相通ずるものがあると思っています。

ところで、ガバナンスが機能すれば本当に不正はなくなるのでしょうか？

ガバナンスが機能すれば本当に不正はなくなるのか

藤沼

それはわからないですよね。ただ、ガバナンスができて、きちんとそれをやっている会社に不正問題や不祥事が起こったとしても、ある程度、経営者に対する免責はあり得ると思います。

八田

補足になりますが、アメリカではＳＯＸ法ができる前から、**連邦預金保険公社改革法**(2)の下で、金融機関に対する内部統制制度が導入されていました。それとほぼ同時期、刑罰の軽重を判断するアメリカの**量刑ガイドライン**(3)のなかの適用の1つに、内部統制対応が考慮されるようになったのです。

つまり、仮に適切な内部統制対応をしていたにもかかわらず、上手の手から水が漏れて従業員の末端部分で不正が起きた場合には、それはしょうがないことだということで、罰則についても軽減されるというものです。逆に、求められる内部統制対応を怠っていて問題が生じた場合には、刑罰も2倍3倍に重科されるのです。こういう考え方が1つのインセンティブとして働いて、経営者の内部統制に対する意

(2) 1933年のグラス＝スティーガル法（Banking Act of 1933）に基づき設立された米国政府の連邦預金保険公社をいう。1980年代後半から1990年代初頭にかけて発生した貯蓄貸付危機を受け、1991年、大銀行および大貯蓄貸付組合の経営者と外部監査人による内部統制報告を義務づけるための改革法が制定された。

(3) 米国において企業犯罪に対して高額の制裁金を課す一方で、裁判所が量刑を判断するに当たり、一定のコンプライアンスプログラムを備えていた企業には、量刑上の軽減を認める指針を示したもの。企業のコンプライアンス体制の存否を制裁金額の決定の考慮要因としており、コンプライアンス体制を、「法律違反を予防し発見する効果的プログラム」と表現している。

識を高めたという見方があります。

堀江　たしかに、そういった仕組みは効果的でしょうね。

八田　ただ、日本にはそういう制度はありません。課徴金制度の導入で、同様な対応がなされているのではないかといった見方もありますが、必ずしもうまく機能していないかもしれません。そもそも、経営者の意識を向上させるためにどのようにしていくべきなのか、という議論こそが内部統制やガバナンスには必要であると思っています。

藤沼　今回参加した、公認不正検査士協会のグローバルカンファレンスでパネルディスカッションがありました。そのなかで「危機から学んだこと」「Lessons Learned After a Crisis」というテーマで、ブラジルの**ペトロブラス**(4)、アメリカの**ウェルズ・ファーゴ**(5)、あとドイツの**シーメンス**(6)といった組織の危機から得られた教訓についてパネルディスカッションがありました。

ブラジルのペトロブラスは政治に巻き込まれたことから、多額な不正資金を使かったと言われています。アメリカのウェルズ・ファーゴ

（4）　国営石油会社ペトロブラスの元幹部が、建設大手に賄賂を要求し、受注金額を水増しして契約額の１～５％相当が与党政治家らに不正献金として渡っていたという不正事件で、ブラジル史上最大の汚職事件となった。2016年８月に当時のルセフ大統領の弾劾につながり、同氏は禁錮12年１ヵ月の有罪判決を受けた。同社は2018年１月に米国での株主集団訴訟に関し、29億5000万ドルの和解金を支払っている。

（5）　米国大手銀行ウェルズ・ファーゴでは、行員がノルマ達成のために、顧客に無断で口座を開く行為が横行、不正な銀行口座の開設件数は150万を超え、クレジットカードの発行では56万枚超に及ぶといわれている。2016年９月の米国議会証言において、CEOが批判の矢面に立たされ、結果として経営幹部の退職につながった。

（6）　2008年12月に、ドイツの総合電機大手シーメンス（国外子会社３社を含む）が、2006年に発覚した大規模な不正支出事件に伴う罰金として総額約10億ユーロを支払うことになった事件である。米国証券取引委員会（SEC）および司法省がFCPA違反として、ドイツのミュヘン検察局が外国での受注獲得のために賄賂の支払いという違法行為に対して、罰金を科したものである。

は優良な金融機関と言われていながら、実際には、従業員に過度な営業目標を与えてたことが、内部通報やその後の調査報道などで明らかになり、信用が失墜してしまいました。ドイツのシーメンスは、シーメンスと子会社が同社の製品の売却に当たって外国公務員に贈賄をした事件です。パネリストにはそれぞれの会社の危機後に経営改革を指導した経営幹部が招かれていましたが、結果としては、デスカッションの焦点が絞れず、期待外れに終わりました。

各社の問題背景がまったく別々で焦点が絞れず、パネラー同士の波長が合わず、またわれわれ参加者も各社の事情を十分に理解していなかったことが原因だったと思っています。

堀江 たしかに、事例の背景を知らないと、正しい理解はできませんからね。

藤沼 「Lessons Learned After a Crisis」というテーマはいいのですが、個人的には、アメリカのウェルズ・ファーゴの問題に絞り込んで議論してもらいたかったと思っています。ウェルズ・ファーゴは上場企業でオーナー色はありませんが、ＣＥＯが絶対的な権力者でした。一方、問題となった**スルガ銀行**(7)はオーナー経営者が権力者で、無理な営業を行員に強いてきたと言われています。企業のトップが内部統制をオーバーライドする（無効化する）という意味で、似たようなケースであると言えるからです。

（7） スルガ銀行では、収益の柱だった投資用不動産向け融資が不良債権化し、2018年９月の第２四半期決算ではシェアハウス向け融資で約900億、また創業家関連企業に対する融資で134億円の貸倒引当金を計上し、最終損益が985億円の赤字となった。地方銀行としての生き残りのためのシェアハウスなどの投資用不動産向け融資の拡大が裏目に出た結果であるが、実現不可能な水準の貸出目標が掲げられ、融資資料の改ざんなどが行われ、融資審査も機能しなかったと言われている。取締役の賠償責任の有無を調べてきた調査委員会は、善管注意義務違反があったとして、岡野光善元会長などの責任追及をする方針である。

八田

その点に関して失敗事例を分析するときに一番重要なのは、ルートコーズ（真因）に迫るということです。

真因究明がスタートですよね。スタートが明確にならなければ、それに対して打つ手も当然わからないわけです。

堀江

八田さんは、そのような問題が不正調査のための第三者委員会報告書にもあると、常々おっしゃっていますよね。

八田

不正調査のための第三者委員会報告書で一番だめなところは、まさにそこなのです。要するに不正が発覚した会社が変わっても、第三者委員会の報告書の内容は皆同じではないかと。中学校レベルの教科書の話ならいいですが、こちらは大人のプロの話をしているわけですから。

藤沼

それはそうですね。

八田

ただ、いろいろな例がありますから、これという伝家の宝刀に近いような対策はないと思います。コーポレートガバナンス・コードの影響もありますが、より広い視点で、ガバナンスという議論のなかで会社の全体的な仕組みや方向づけなどを検証していこうという流れがあります。堀江さん、そのあたりのことはどのようにお考えですか？

堀江

ガバナンス、これをどのように理解するかというところがまずもって問題になってくると思います。ガバナンスというのは、企業価値の向上、あるいは企業の持続的成長といった視点から企業の方向性を明確にし、適切なリスクテイクが行えるような環境整備、言葉を替えて言えば、アクセル機能としての攻めのガバナンスが中核にあって、それをとりまく形で、経営トップが暴走しないように適切に監視・監督するブレーキ機能としての守りのガバナンスがある、といったイメージで理解すべきだと思っています。両者の連携・連動こそがガバナンスであると。

問題はその運用ですが、コーポレートガバナンス・コードの運用などを見ていますと、独立社外取締役は2名以上選任しないといけないとか、監査役のうちの1名は必ず財務や会計に精通している者を入れないといけないなどといったような、そういった目に見えるところがどうしても重視される傾向がありますよね。会社によっては、もっと緩めてもいい場合もあるし、もっと厳しくしなければならないところもある。企業の工夫をもっと大事にできるといいですね。そのためには、企業がもっと前向きに対応することが必要になりますが……。

藤沼　あとは女性雇用の問題など、ダイバーシティですね。

堀江　そうです。さまざまな見方、考え方が経営に反映されるというのは、ガバナンスをうまく機能させるための前提でしょうね。ただ、そのような外部の力を、攻めであれ守りであれ、どう活用するかのノウハウが会社にないことが多い。

八田　まったくそのとおりですね。

堀江　経営者の意識の問題が根本にあるかもしれません。もしかすると、日本人はそもそも外の力をどう使うかという発想に弱いかもしれません。それと、横並び意識でしょうか？

八田　経済社会、つまりマーケットの主役は企業ですよね。その企業の経営者のなかで、創意工夫を凝らした独自路線を歩みたいという意識を持つ人はあまりいないと思います。

藤沼　ほぼ全部横並びですね。

八田　そのため、数字のようにみえる形で指針を示してもらいたい、となるわけです。役所もそういうものを出したがりますよね。たとえば経済産業省の「伊藤レポート」ではＲＯＥ８％を最低ラインとしていますが……。

堀江 数字だけが目立ってしまい、８％以上になるとどのような効果が具体的に期待できるのかといったことがほとんど議論にならない。とにかく８％。なにがなんでも８％。

八田 日本人には好きな数字があるようです。7と5と3、つまり七五三です。奇数はだいたい縁起がいいんです。

諸外国でも、重要な会議や委員会を構成するメンバーの数は、３人とか5人、あるいは7人が多いです。

藤沼 ところが日本の場合は、なにか決め事をする必要があるとなると、偶数を選ぶ？

八田 おそらく、明確な意思決定をしたくないからなのかもしれません。仮に、決議して2対2で意見が割れたときにどうするのかというと、「その場合には、議長決裁」と言うわけです。議長だけが倍の票数を持つというのですから、唖然としてしまいます。

堀江 いい加減と言えばいい加減な話ですが、たしかにギリギリの選択を迫られた場合などを想定すると、最終の意思決定の段階では、偶数が便利ですね。意見が真っ二つに割れたから、当該案件に対しては今後さらに慎重に検討することとしたい、といったように意思決定先送りの理由にもできますから。

八田

決議母体でありながら、構成員の数として偶数がすごく多い。日本人の経営者が主体的に組織を運営し、ステークホルダーに対して自信を持って自ら説明することを避けている場合が大変多いのです。できる限りリスクを避け、自分の任期中だけは無傷で済ませたい、穏便に済ませたい。不正についても、それがたとえ自分の不正ではなくても、自分の任期中に発覚するとややこしいことになるから、先延ばしにしようとするわけです。

堀江

日本の慣行だと、スキャンダルが発覚するとそのとき社長が辞めなければいけないという話になります。おかしいですよね。

藤沼

その不正は過去の経営者のときのものでしょう。それを今の経営者が「すみません」と頭を下げて辞任する。メディアも悪いですよね、すぐに「いつ辞任するんですか?」という質問をしますから。

八田

結局、前任者が後継者指名をやっているからですよ。前任者には逆らえません。そこで、そうした前任者の影響を断ち切るためにも指名委員会が必要だと言われているのです。つまり、あなたは前の社長や会長ではなく、私たち指名委員会が適材適所ということで選任したのですよということで。そうなれば過去の負の遺産についても、英断をもって適切に処理することができます。例のV字回復を可能とするような、**ビッグバス・アカウンティング**(8)の手法も、この例です。しかし、そんなことは今の日本の経営者にはできないでしょうね。

堀江　そう思いますね。

八田　したがって、日本の場合、本当の意味で一番重要なものは、実は指名委員会だと思っています。日本の経営サイドの襟を正すためには監査委員会よりも指名委員会が体を張って、きちんと過去としがらみを断ち切ってあげるべきです。

藤沼　今回のコーポレートガバナンス・コードの見直しでは、形式から実質へと変化を促しているのが特徴だと思います。まず、指名委員会を活性化して、後継者の指名と複数の後継者の育成プログラムを充実せよと言っています。

堀江　その際、社外取締役が果たすべき役割は大変大きいですよね。

---

(8)　業績が悪化し、赤字が不可避な年度に、あえて不良在庫の処理やリストラを一挙に進めることによって巨額な特別損失を計上し、翌期以降の損失・費用負担を軽減させ、業績がV字回復したように見せること。ビッグバスは「大きな風呂」の意味で、企業に蓄積した損失を洗い流すというニュアンスがある。米国では、経営者交代の際、前経営者のもとで蓄積した損失に将来のリストラ費用を上乗せして計上することで、翌期の費用を圧縮し、収益が劇的に改善したように見せるために使われることがある。

藤沼
私は日本公認会計士協会の社外役員ネットワークの代表幹事ですが、その立場から言わせていただくなら、コーポレートガバナンス・コードが出て、企業もガバナンス報告書を公表していますので、形式的なことはかなり整えられてきていると感じています。

ただ、実質的な面ではまだまだ変わっていない点もあると気になっています。たとえば、指名委員会が実際に機能していないということについて、いろいろな会社を見ていますと、指名委員会に現役の社長や会長が委員となっているケースが多いと思います。

堀江
いろいろな問題がありますが、代表取締役を退いた会長が委員会の委員として出てくる方がベターなのではないかという議論もあります。

藤沼
その一方で、会長は現在の社長を指名しているので会長も社長も委員になるべきではないという議論もあります。

堀江
そうなると、制度で縛るしかないのでしょうか？

藤沼
それも1つのアイデアですが、会社によって事情があり一律的に制度で縛るのはどうかなと思います。むしろ、原則主義を適用して、説明を義務づけることの方がいいかもしれませんね。

コーポレートガバナンス・コードにもいい面が多々ありますから、このコードによって会社のガバナンスを少しずつ改善していく努力が必要です。

堀江

ところで、不正への対応については、まずは内部統制、それがうまくいかないと次は全社的リスクマネジメント、それでもだめなら今度はガバナンスだと、そういう感じで、だんだんと範囲を拡張するようなイメージです。それはそれでわからないでもないのですが、その実体部分がよく見えない。なにか言葉を変えているだけ、という印象を受けますね。「魂」に相当するところはいったいなにか、そこに光を当てるべきだと思いますね。

八田

堀江さんの意見に追加するならば、内部統制の制度化、リスクマネジメントやガバナンスの問題についても、基本的には負の部分あるいはマイナスの側面を払拭したいと思っています。簡単にいうならば、不正をなくすための内部統制を強調すると、ほとんどの会社は「うちはちゃんとやっている」「利益が出ているから関係ない」と言いますが、本来の内部統制はそうではないということです。

こういうことを海外で言うと顰蹙《ひんしゅく》を買うらしいですが、「守りのガバナンス」から「攻めのガバナンス」、あるいは「守りの内部統制」から「攻めの内部統制」に移行すべきだということです。つまり、不正防止といった守りだけではないですよと。攻めの姿勢で、健全な企業として企業価値を高め、かつ、サステイナブルな事業活動の実現に貢献しないのであれば、経営者は目を向けないでしょうと。それが、いわゆる攻めのガバナンスという表現で示されているのだと思います。ただ、損益計算書上の利益にどう貢献するのかということがわからないと、実際に経営サイドも関心を持たないわけです。

堀江

そうですね。まったく同意見です。しかし、制度という観点から見ると、どうしても八田さんのおっしゃる負の部分をどうなくすか、ということになりますよね。企業価値の向上などということはそれぞれの企業が独自に考えればいいことだし、言われなくてもする。ところが、不正の予防や発見といった対応となると、そうとはいかないような気もします。実際、日本を代表するような企業で、粉飾決算だけでなく、さまざま不正がこれだけ表に出てくると……。

八田

現行の規制のなかでは、負の部分をなくすことが制度の中心になっています。そもそも、本当の意味での内部統制は、法には馴染まないということを昔から言っています。内部統制が適切に整備・運用されているからと言って、利益を保証するものではありません。

ただ、内部統制が有効に機能している場合には、おのずから、組織が強靭になって、その組織のなかで働いている方たちがそれなりに満足感を持って業務に励むとともに、風通しのいいフランクな状況が保たれれば、企業もいい方向に向かう可能性はあります。

堀江
おっしゃるとおりですね。

八田
しかし、それはあくまでも精神論に近い話です。数字に表れませんから。そのため、どうしても経営者はもう一歩を踏み出せないのです。それが、内部統制を構成する統制環境の内容としての、いわゆる倫理観や誠実性、あるいはビジョンのような具体的な指標のないもの、そこに最後は行き着くわけです。アングロサクソンの世界では、そういう考え方が根づいているように思えます。

藤沼
たしかに根づいていますよね。

八田
些細な行為でも、日常茶飯事に、「それは倫理的ではない」、アンエシカル（unethical）だというわけです。日本で「君、それは倫理的じゃないよ」と言っても……。

藤沼
「おまえ、なにを堅いことを言ってるのだ」となる（笑）。

堀江
これまでのお話をうかがっていると、内部統制の目的を、業務目的、財務報告目的、コンプライアンス目的と、パラレルに並べがちになっていることにも問題があったと言えるのではないでしょうか。アクセルを踏む目的とブレーキを踏む目的の連携がなく、完全に切り離して見てしまう。アクセルを踏む、つまり攻めのところをきちんとすることが、不正の防止にもつながってくるという、その連携をうまくする必要がありますね。

八田

なるほど、そういった見方も必要ですね。

内部統制の基準ができたあと、誰もが基準に明示さていることもあって内部統制の目的は4つだと決めてかかっていますが、これは、いずれの組織であれ、基本的に落とせない目的だということです。内部統制の目的として、これ以外の目的を加えてもいいし、すでに、企業内において存在しているような、社是・社訓の内容を目的として取り上げることもあっていいわけです。まさに、会社が果たすべきビジョンとかミッションですね。ところが、皆、形式に走ってしまって、目的は4つとか、あるいは、構成要素は6つということばかりを言うわけです。

堀江

基準にこう書いてあるというのではなく、会社のビジョンやミッションから、その会社独自の内部統制の目的を明確にする。たしかにそのような議論は聞いたことがありませんね。内部統制の目的について、それが社内向けであれ社外向けであれ、経営者が自らの言葉で明確なメッセージとして表明している事例は、ほとんど聞きません。

会社法との関係になりますが、事業報告に記載される内部統制に関する取締役会決議なるものは、紋切り型の最たるもので、はっきり言って読みたいという感じがしませんね。
八田さんがおっしゃるように、各企業の独自性を踏まえた取締役会としてのメッセージがほしいですね。まぁ、言うのは簡単ですが、会社独自の方針なりメッセージを出せなどということになると、ほとんどの会社は頭を抱えてしまうでしょう。ですから、結果的に当たり障りのない表現に落ち着く。

八田

これはやはり制度がひとり歩きしてしまったことの影の部分かもしれません。物事にはすべて二面性というか、光と影があると思っています。うまく機能している場合には光が輝くし、逆の場合には影の部分が出てしまう。それをいかにして光の方に持って行くか、それが必要なことではないでしょうか。そのためには教育と研修、そして、もう1つはうまくいかなかった事例をきちんと分析して同じ轍を踏まないようにする、それを何度も繰り返しやるべきだと思います。

COSO-ERMと不正の関係はどう考えればいいか

堀江

COSOが2017年に公表した改訂版ERM（45頁参照）は、COSOとしてはかなり大きく舵を切ったという印象を持ちます。仄聞の限りでは、ERMなどと大上段に構えても、リーマンショックを防げなかったという反省もあったようです。だから、リスクと価値の関係を強調したり、カルチャーの役割を重視したり、戦略やパフォーマンスとERMをどう結びつけるかに腐心しています。そういった観点から、生きたリスクマネジメントのあり方を描こうとしている。

全社的リスクマネジメントと言いますと、すぐに不正対応のためのノウハウが詰まった報告書と考えられがちですが、そのような内容のものではありません。

藤沼

会社の経営者は、多岐にわたる物事をかなり勉強しなければならない立場にありますが、たとえばCOSOのERM、その趣旨をどこまで理解できているのか、と考えると不安が残りますね。もちろんそれには経営者を支える人たちの責任と言われる部分もあるかもしれませんが。金融機関でしたら、比較的ERMは通りやすいですが、製造業で営業主体の会社に「ERMでマネジメントをしましょう」と言ったとしても、「おまえ、なにを言ってるんだ」という話になってしまう可能性がありますよね。

八田

そうですね。

藤沼

事業とERMを統合して意思決定やパフォーマンスを向上させ、リスク管理にも目を配り不正やさまざまな問題をなくしましょうという意味では、たしかにすばらしい考え方だとは思います。ただしそれを実行できる人がどれだけいるのかという疑問はありますね。ERMの内容は解説を読めばわかりますが、会社のなかで、それをどういうように実務に落とし込んでいくか、そこが少し心配です。

堀江

そのようなこともあり、日本内部統制研究学会と日本内部監査協会の共同開催ということで、COSO前会長のボブ・ハーツ氏を招いて議論しました。

八田

多くの人に参加してもらい、有意義なシンポジウムになったと思います。

ボブ・ハーツ氏の後任でCOSOの会長になったポール・ソベル氏が、ERMの活用を考え、特に内部監査人向きの啓発書として『**不確実な時代のリスクマネジメント**』(9)というタイトルの本を出版されたので、その翻訳書の出版も行っています。それからもう1つ、

---

(9) 八田進二監訳・堺　咲子訳『不確実な時代のリスクマネジメント』一般社団法人日本内部監査協会、2018年。(Paul J. Sobel, *Managing Risk in Uncertain Times*, The Internal Audit Foundation, 2018.)

コンペンディウムといって、ＥＲＭを実践に移すときの『**事例の解説書**』[10]についても刊行されており、これについての翻訳も行っていますから、わが国でも、ＥＲＭについて多くの関係者が関心を持って、実践に活かしてもらえればと考えています。

藤沼　ＣＯＳＯのＥＲＭの普及に関しては、関連書籍がいろいろ刊行されているのですね。

八田　それから、堀江さんも言われましたが、カルチャーといった日本人ではなかなか理解できないような抽象的な考えが、このＥＲＭを議論する際の基本的な概念になっているのです。それを企業文化と訳すのか、企業風土とするのか、あるいは企業理念なのか、いろいろありますからね。会社のなかには、そういった言葉を使用しているところも結構あるようですね。

藤沼　使っています。会社の開示資料に書いていますね。最近では、会社もそのような記載がないと、みっともないと考えていますから。

八田　たとえば、エーザイはすごいです。企業理念を定款に盛っていますから。不正の有無について述べる場合、「法令等および定款違反」などとよく言いますが、エーザイは企業理念に背く場合は、直ちに、それが定款違反ということになるわけですから、大変な重みを

---

(10)　八田進二・橋本　尚・堺　咲子訳『COSO全社的リスクマネジメント—戦略およびパフォーマンスとの統合：事例の解説篇』一般社団法人日本内部監査協会、2018年。（COSO, *Enterprise Risk Management—Integrating with Strategy and Performance*：*Compendium of Examples*, 2018.）

持っているわけです。

堀江 株主総会の招集通知も厚いですよね。

藤沼 そうですね。1冊の本みたいになっています。

八田 招集通知の冊子の巻末に索引がつけられているくらいですから（笑）。私が社外取締役に就任した翌年からそうなったこともあり、私が推奨したのではないかと思っておられますが、私自身、とてもびっくりしましたよ。そのためのコストもかなりの額になっているはずでしょうが、株主重視という観点からは、高い評価が得られているのではないでしょうか。

堀江 そうですね。

八田 COSOの内部統制の統合的フレームワークは、80年代に公開会社における会計不正が頻発し、それを克服する一環としてなされたものです。

先ほども出ましたが、健全な企業経営を行っている会社の場合には、「わが社には関係がない」とか、「そんなに本腰を入れて議論する話ではない」といった、若干、他人事のような風潮がありました。しかし本当の意味での内部統制は、経営に資するというか、持続可能な企業を実現させるために貢献するものです。そうした広い視点での見方を提示したのが、ＥＲＭです。

藤沼

聞くところによると、ＥＲＭは企業側から見て、たしかに内部統制の統合的フレームワークよりも使い勝手もいいし、非常に価値があるとされているようです。

八田

実際に、このＥＲＭをベースに、日本でも複数の方がＥＲＭ関連の本を書いており、多くの方に読まれているようです。

内部統制の統合的フレームワークが公刊されてから20年が経って、２０１３年に大幅な改訂が行われました。その改訂によって、旧来の内部統制概念について、その範疇が広げられたことから、それをベースに従来のＥＲＭの報告書についても見直しがなされたということです。堀江さんとは、一緒に翻訳をしましたが、このＥＲＭは不正との関係については、必ずしも明確にはされていませんね。

堀江

不正の予防とか発見とはまったく違った観点で書かれています。ですから、ＥＲＭと不正との関係については、解釈の問題になってくると思います。

私は、損失にしか帰結しないリスクだけでなく利得の可能性も持ったリスクにもあわせて着目し、それを戦略やパフォーマンスに結びつけて管理することで、企業の業績が順調に推移し、さらに健全なカルチャーが育っていけば組織もうまく回り、おのずと不正もなくなるという考え方もできるのではないかと思います。不正と業績、あるいは不正と組織風土との関係を切り離すことはできないと思います。２０１７年の改訂版ＥＲＭで、攻めのＥＲＭを全面に出すことで、ようやくその点にも光が当たるようになってきたという気がします。

ただ、難しいのがＣＯＳＯの内部統制の統合的フレームワークとの関係なんです。

八田

そうですね。

堀江

少なくとも、不正との関係で汲みとることは難しいと思います。

八田

２０１３年版の内部統制の統合的フレームワークの最後に、内部統制とＥＲＭとガバナンスの簡単な関係図が示されています（**図表４**）。

内部統制は中核となる部分に、その外円にＥＲＭがあって、さらにその外側のもっと大きい領域を占める部分にガバナンスがあるというものです。したがって、まず中核の部分、これは企業経営についての最低の基準に該当するものとして、「守り」の部分と言えるかもしれません。いずれにしても、そこがスタートだということです。そこから先の付加価値をつけるような業務としてＥＲＭがあり、さらにこれらをカバーするガバナンスがあると理解できます。

堀江　八田さんのおっしゃるとおりだと思います。図表４は単純な包含関係を表しているものではないと思うんですよ。

藤沼　なるほど。

堀江　しかし、ＣＯＳＯの内部統制の統合的フレームワークでは、図表６に関して「内部統制はＥＲＭに不可欠な一部分である一方、ＥＲＭはガバナンスプロセスの全体の一部分である」とか説明されていません。このような説明を読む限り、どうしても３者の包含関係として捉えがちになりますよね。

［図表４］ガバナンス、ERM、内部統制の関係

出所：COSO, Internal Control — *Integrated Framework, Framework and Appendices, 2013,* p.181.（八田進二・箱田順哉監訳　日本内部統制研究学会新COSO研究会訳『内部統制の統合的フレームワーク　フレームワーク篇』日本公認会計士協会出版局、2014年、215頁。）

八田

たしかに、ガバナンスの議論が出たときに、私がよく聞かれたのは「コーポレートガバナンスと内部統制はどういう関係ですか？」ということでした。いろいろな答えがあると思いますが、私は扱っている領域がそれぞれ少し違うと考えています。また、それを見ている方たちの目も違うと思います。つまり、誰がそれを見ているのか。そもそも内部統制は経営者が所有者ということですから、企業内部の視点で見ながら外に向かって説明します。逆に、ガバナンスは外から見ているのではないでしょうか。

藤沼

なるほど、そうした理解もありますね。

八田

ただし、かなりオーバーラップするところがあると思っています。したがって、いろんな見方がありますから、内部統制とガバナンス、さらにはＥＲＭについて議論をするにしても、一筋縄ではいきません。ただ、図表４は非常に単純な図ですが、私自身の考えには合致するものだと思っています。

堀江

ただ、八田さんの考え方に近いと思いますが、内部統制を「へそ」にすえて、ＥＲＭとガバナンスを考えるということもできそうです。

藤沼　具体的には？

堀江　たとえば、内部統制で足りないところをERMで補い、ERMで足りないところをガバナンスで補うといった考え方もできると思いますし、八田さんが言われたようにそれぞれで違った目線を入れていくこともできる。しかし「へそ」はあくまでも内部統制にあり、まずそこがしっかりとしていないといけない。だからもし内部統制に問題があるとすれば、ERM、さらにはガバナンスにも問題がある可能性がありますよ、ということです。

藤沼　私はCOSOが描いた図のような見方に影響されていて、内部統制が拡大してくるのかなという感じで考えていましたが……。

堀江　そういう見方が一般的かと思いますね。つまり、内部統制からERM、ERMからガバナンスといったように、なにか範囲が広がるとったようなイメージが先行しがちです。その一方で、単純な包含関係で捉えてしまうと、ガバナンスのなかにERMがあり、ERMのなかに内部統制があるといったように、理論的にも説明がしにくく、かつ実感とかけ離れた理解になってしまうのではないでしょうか。

藤沼　内部統制が中核にあるという位置関係を認識することは大切かもしれません。ただ、内部統制が「へそ」になるということについては、意外とわかっていない方も多い感じですね。

八田　そうかもしれませんね。単純に内部統制イコールJ-SOX[11]、つまり財務報告に係る不正対策と理解してしまうからです。

藤沼　それで、内部統制よりもガバナンスの方が範囲が広く、より重要だというような話になってしまうわけですね。内部統制ではなく、ガバナンスがきちんと機能しているかどうかということになってしまう。次第に本来の内部統制からずれてしまう。このような誤解は解かなければなりません。

(11)　米国のエンロンやワールドコムの巨額な不正会計事件を受けて2002年に成立した米国SOX法（52頁を参照）において内部統制報告制度が法制化されたことを受け、日本で2006年の金融商品取引法で法制化された日本版の内部統制報告制度を指す俗称である。わが国の金融商品取引法を「J-SOX法」と呼ぶことがあるが、厳密には誤った呼称である。

内部通報制度の有効性をどう考えるべきか

八田
当然ながら、不正の問題は起きないことが一番ですが、先ほども申し上げたように、いかなる組織、いかなる機関ないし団体であっても、不正は起こり得るということです。したがって、そうした不正の芽をいかに早期に発見し、かつ、必要とされる次の手を的確に打つことができるかということを考えておくことが重要です。

藤沼
そうですね。不正は、どんな組織であっても完全には防げない、そういう前提で考える必要がありますね。

八田
内部統制の構成要素のなかに、「情報と伝達」があります。必要な情報は適時・適切に伝えられなければなりません。これを制度化してうまく機能させていく1つの施策として、内部通報制度あるいは内部告発制度が挙げられます。というのも、社会を騒がすような不祥事や不正の発見経路のほとんどが、内部通報あるいは内部告発だと言われているからです。組織を風通しのいい状態に保っておくためにも、こうした通報制度が必要です。
最近では国を挙げて通報制度を有効に機能させようという流れがありますが、この通報制度の有効性は、現状ではどのように評価されているのでしょうか？

堀江

消費者庁の「平成28年度 民間事業者における内部通報制度の実態調査報告書」によれば、不正発覚の端緒は、従業員等からの内部通報が58・8％と圧倒的に高く、次いで内部監査が37・6％、職制ルート（上司による日常的なチェック、従業員からの業務報告等）が31・5％と続きます。このように不正の発見に内部通報制度の導入は大きな効果があるといっていいと思います。

ただ、通報件数が多いと制度が機能しており、少ないと機能していない、そういうような評価をされがちですが、果たしてそうなのかな、ということがあります。

八田

それはありますね。

堀江

たとえば通報件数がかなり多いような会社の場合、それは通報ではなくて相談であるケースがほとんどであるということのようです。たとえば「ある特定の得意先を接待したいと思いますが問題はありませんか？」と事前に相談してくるわけですね。たしかに、通報窓口であって相談窓口ではないと言われるかもしれませんが、私は、それはそれで機能していると考えています。

藤沼　なるほど。

堀江　**ハインリッヒの法則**(12)というのがあります。1つの重大事故が起こる背後には、きわめて多くのヒヤリ・ハットがあるというものです。内部通報をうまく活かすためには、ヒヤリ・ハットをうまく吸い上げる仕組みとして使うことではないでしょうか。そのような意味で内部通報の有効性を、通報件数の多寡という物差しで評価しようとしたり、法令違反行為だけを吸い上げる仕組みをつくればいいと、狭く考えないことが大切ではないでしょうか。たしかに、通報内容はセクハラとパワハラがほとんどであったり、上司に対する不満であるといった実態はありますが……。

藤沼　内部通報はそのあたりの問題が多いですね。

堀江　いろいろな通報内容があると思いますが、不正の芽をうまく見つけて、丁寧に吸い上げていくことが重要であると、私は考えています。特にパワハラあたりはそうだと思いますね。上司の度を超えた強い言葉や指導が圧力とかプレッシャーになり、それが不正につながる可能性もあり得ます。

ですから、そのようなところを丁寧に拾っていくような仕組みになっているか、つまり

(12)　1件の重大事故の背景には、29件の軽微な事故が存在し、その裏にはさらに300件のヒヤリハットが存在するという法則である。ハインリッヒ氏が労災事故から導き出した経験則であるが、労災事故に限らず、些細なミス、欠陥、不注意を軽視し続けることが重大事故に結びつく可能性があることに対する警鐘となっている。

これだけは知っておきたい!
弁護士による宇宙ビジネスガイド
—New Spaceの潮流と変わりゆく法—

第一東京弁護士会 編

宇宙ビジネスは、大企業、ベンチャー企業を問わず参画する企業が年々増加し、IT・AI あらゆる事業分野で不可欠の存在である。ビジネス推進に必要な宇宙法をやさしく解説する!

発行日	2018年11月15日	価格	1900円 + 税	判型	A5判並製・172頁

Q&Aでわかる
アンチ・ドーピングの基本

第一東京弁護士会総合法律研究所
スポーツ法研究部会 編

アンチ・ドーピングをまったく知らない人が基本的事項から学べる!事例を盛り込みながら、アンチ・ドーピング・コードやドーピング検査手続きの流れ、紛争解決の手続きを解説する。

発行日	2018年11月15日	価格	1600円 + 税	判型	A5判並製・152頁

コンテンツが拓く地域の可能性
—コンテンツ製作者・地域社会・ファンの
三方良しをかなえるアニメ聖地巡礼—

大谷尚之・松本　淳・山村高淑 著

アニメの舞台の地域をファンが訪れる「聖地巡礼」が今注目されており、聖地巡礼により地域振興に成功した事例を元に、製作者・地域・ファンの連携を中心に地域振興について分析。

発行日	2018年10月1日	価格	1900円+税	判型	A5判変型並製・176頁

これだけは知っておきたい

取締役・監査役・監査部長にとっての内部監査（改訂版）

川村眞一 著

取締役・監査役は内部監査をどう活用し、内部監査部門責任者はどのように職務を行っていくべきか。企業の健全かつ継続的発展に貢献する内部監査を進めるための三者のあり方を解説。

発行日	2018年9月15日	価格	2800円＋税	判型	A5判並製・282頁

ケインズ経済学研究
—芸術家ケインズの誕生を探る—

中矢俊博 著

現実にみられる不完全雇用（失業）や所得格差など経済問題を解決した後に来る豊かな社会の実現に尽力し、文化や芸術こそが様々な人間の頂点に立つことを生涯主張したケインズの人と学説研究の集大成！

発行日	2018年12月1日	価格	4500円＋税	判型	A5判上製・292頁

ケインズの経済学と現代マクロ経済学

大矢野栄次 著

現代経済学の流れの中で、唯一、現代の世界経済の考え方と経済政策の方向性を変革しうる経済学が、「ケインズ経済学」であり「ケインズ革命」の再認識であると考え、再考察する！

発行日	2018年9月30日	価格	2500円＋税	判型	A5判変型並製・240頁

電力産業の会計と経営分析

谷江武士・田村八十一 編著

2011年3月の大震災に伴う福島原発事故発生以降、電力産業は混迷を極め、現在もその状況は続いている。財務的な側面から電力会社のコーポレートガバナンスに伴う問題点について検証する。

発行日	2018年11月28日	価格	2900円＋税	判型	A5判並製・264頁

金融機関のためのマネジメント・アカウンティング
—IFRSとRAFによる統合リスク管理の進化—

谷守正行・吉田康英 著

金融機関の収益性向上や健全性確保をめざした経営管理に必要なものとは？　IFRS、公正価値の測定、リスクの問題、ITやAIの活用など、様々な課題を理論と実務の両面から解説！

発行日	2018年10月30日	価格	2800円＋税	判型	A5判並製・280頁

日本監査研究学会リサーチ・シリーズXVI
会計不正事例と監査

吉見　宏 編著

オリンパスやカネボウなど経営者が主体となる様々な会計不正事件を事例として取り上げ、その理論的な背景、問題点を整理し、我が国監査論にとって課題となる論点を提示する。

発行日	2018年8月25日	価格	3200円＋税	判型	A5判上製・228頁

ヒヤリ・ハットをうまく吸い上げる仕組みになっているか、私はこのような観点から、通報制度の有効性を評価すべきだと考えています。

八田

基本的なことに戻って、いくつか確認したいと思います。内部通報といった場合、通報者が内部の人間か外部の人間か、窓口が内部にあるのか外部にあるのか、理解の仕方が渾然一体となっていますね。

堀江

そうですね。

藤沼

「内部告発」と聞くと、一般的にはその会社の内部の人間が外部に向かって情報を出しているると考えている人が多いですよね。

八田

通常は、従業員や組織に関係のある人が、日々の業務のなかで気づいたことを、内部通報窓口という会社の内部に置かれている部署に情報として出す、というケースだと思います。実はそこの部分がほとんど機能していないのではないでしょうか？

堀江

どういうことでしょうか？

八田

つまり、現場の人が会社の問題点や恥部を情報として出してきたときに、内部通報窓口でそれを正しく受け入れないで、封じ込んでしまったり、場合によっては匿名での応対と言いながら、実は、ひそかに犯人捜しをする。そういうことがあって、社内の通報窓口に信頼性がない。そのため、会社の内部の人が外部の関係先に通報するわけです。

堀江

少し議論を整理させてもらいますと、内部通報の「内部」という言葉に拘れば、通報の主体か通報の受け手のいずれか、あるいはその双方が内部と関係している必要があります。そうすると、第1のパターンとして内部の人間が内部機関に通報する、第2のパターンとして内部の人間が外部機関に通報する、第3のパターンとして取引先や顧客などが内部機関に通報する、といった整理になります。「内部」の意味を企業等の組織内部にかかわる事柄と広く捉えれば、第4のパターンとして、取引先や顧客等の外部の人間がマスコミ等の外部機関に通報するということもあります。

藤沼

そうですね。注目すべきは、堀江さんの言う第3のパターンである企業の商品や製品に対するクレームではないでしょうか。

堀江

英語圏では内部通報は「whistle blowing」です。警告のための笛ですから、今、藤沼さんがおっしゃるとおり、不正の通報だけでなく、外部から寄せられたクレーム等の情報には会社にとって非常に重要な問題が含まれていることにも着目する必要があるでしょう。

藤沼　「Ｂ to ＣのＣから来た情報は、情報の宝庫」だと言われていますが、これはまさにそうですね。そういういわゆるクレーム情報は、お客様からいただいたものなので、次なる製品の改善や改革につながります。

クレーム、それ自体を参考にしているという社長は結構います。ただ、そういうものが内部通報という概念に当てはまるのかどうか……。

堀江　そうですね……、狭く解釈する必要はないのではないでしょうか。通報の内容として不正にかかわる通報だけに限定する必要はないと思います。

消費者からの相談やクレームが企業内の不正と関係しているなんてことは考えなくてもいいでしょうか？

八田　それは難しいですよね。明らかに製品だけの問題なのか、あるいはそういった製品が市場に出回った背景に不正がなかったのか。

藤沼　たとえば、ある会社に勤めている人がなんらかの被害にあっていると聞く。それを聞いた外部の人が会社にそのことを訴える、ということはあるかもしれませんね。外部の人間のようにみえても、実際には内部の人間の情報に基づいているという……。

堀江　辞めた人もいるかもしれませんしね。ですから、寄せられた情報をきちんと分析して、それが本当に不正の芽になっていないか、裏に不正がないか、寄せられた情報をきちんと分析できる仕組みをしっかりと機能させないといけません。会社に寄せられた情報を「はい、これは消費者相談窓口ですね」と単純に仕分けしてはいけないということでしょうか。

八田　それと、広いカテゴリーで内部通報窓口をつくりましたというときに、多くの会社はたしかに会社内にもつくることはありますが、外部の専門機関等と契約して独立させることが多いですね。

藤沼　外部の方がいいですね、一般には。

堀江　法律事務所に依頼したりしますよね。

八田　日本公認不正検査士協会（176頁の注を参照）を主導してきた、**ディー・クエスト**[13]などはそういった窓口の提供をしています。

---

(13)　企業リスクコンサルティング事業を進める株式会社ディークエストホールディングスの関連事業の一環として、2004年に、不正対策のエキスパート育成で世界をリードするACFE（公認不正検査士協会）、日本での独占ライセンス権を取得し、05年に、ACFEJAPAN（日本公認不正検査士協会）をスタートさせ、わが国での不正対策に向けた各種の業務を提供している。

藤沼 そうそう。ディー・クエストもそうですし、他にも弁護士事務所やコンサル会社などでそうした窓口業務を引き受けているところもありますね。このごろ日本企業も国際化しているため、海外からのクレームというか内部通報を受けてほしいといった要請も増えているようです。

堀江 具体的にはどのような仕組みですか？

藤沼 海外の現状について、言葉の問題をはじめ、いろいろな習慣や法律制度などは日本ではなかなかわかりませんよね。そうなると内部通報を受ける場合は現地語になるだろうと考えて、現地の弁護士事務所などに対応を依頼しているそうです。今後、日本の会社ではこのパターンが増えてきそうです。

八田 今では、通報窓口がないと内部統制の構成要素が機能していないと言われます。私は、監査役窓口の設置を提言しています。

堀江 それは1つ考えられることですね。ただ、社外監査役の場合、実際にうまく対応できるのでしょうか？

八田

おそらく受け入れ情報の窓口は、メールによるものが大半でしょうから、常勤でなくとも対応は可能だと思います。ただし、社外監査役に対して全幅の信頼がなければなりませんので、実際には、あまり来ないかもしれませんね。

藤沼

社外監査役をよく知らないということもありますから。

八田

しかし、組織として徹底させれば、少しは機能するのではないかと考えています。社外独立役員であれば独立性があるわけです。私自身、「独立性を保持した立場で会社や組織の健全性を監視しているわけですから、ぜひ、信用していただきたい。」と事あるごとに伝えると、だいたい納得して、信用してもらえると思っています。

藤沼

社内あるいは社外の人が、匿名で社外役員に告発書を送付してくることもたまにありますね。

八田

私の経験でも、これまでに数件ありましたが、不満の手紙でした。誰も話を聞いてくれないといった話です。ただ、そうした情報についても、できるだけ活かします。こういう不満分子がいますよ、ということで。しかしそれが誰なのか、発信元は絶対に言いません。

藤沼
最近は、勤め先に対して不満のある人は、会社の内部通報窓口ではなくて、直接外に出してしまいますよね。

八田
それがだめだということです。先ほどの話にも出ましたが、今の人たちは、皆、それぞれ情報発信のチャネルを持っていますから。

堀江
通報先がSNSになってしまうんですよね。
SNSへの書き込みとなると、「通報」でなく情報の「拡散」となってしまう（笑）。今は、反応が早いですから、すぐに炎上しますよ。製品問題や悪質な不正ともなりますと、製品の不買運動にまで発展することだってあり得ます。

八田
自分の働いている職場をみんなでよくしていこうという、愛社精神というのでしょうか、そういう気持ちを醸成していかなければだめなわけです。SNSに流すと炎上するかもしれないのに、結果的に自分の勤めている会社の不満を書いたり……。

堀江
そうですね。本当はそのあたりの規範意識を研修すべきでしょう。

藤沼

しかし、結構難しいですよね。通報を考える人たちの意識は、「会社が私を邪魔にしている。私は正義の味方として言いたいことがある」という感じですから。

内部通報の内容を外部でまとめて整理してくれる機関があれば、通報を考えている人たちの信頼も得られるのではないでしょうか。会社の関係先も含む社内外の人が内部通報をするときには、まず外部窓口に届け出る、最近では、そういう形で進めた方がいいのではないか、と思っています。

堀江

なるほど。内部通報は、まずもって窓口がカギとなりそうですね。

藤沼

ある金融機関は、財務諸表の不正に関する内部通報は特別窓口に行くことになっています。徹底的に究明するぞという感じですね。もちろん最初に電話を受け付けるのは同じ窓口かもしれませんが、財務不正にかかわるものは監査委員のなかの弁護士が受けてフォローアップするような形になっているそうです。

八田

会計不正の通報についてその窓口が会計に長けている人ならいいのですが、なんとなく交際費がインチキに使われているのではないか、という通報だと、そこで止まってしまう可能性もある。

藤沼　ありますね。窓口からどうやって専門家につなぐかというルートが必要ですね。

堀江　藤沼さんが言われたように、窓口で通報の芽をつんでしまわないようにすることが大切なんですね。

待ちの姿勢ではなく、そこを一歩、どうやって進めていって、不正の端緒やヒヤリ・ハット、あるいはさまざまな苦情も含めて、それらをうまく拾い上げるかということ、あとはそれをどう活かすかという経営者の意識改革でしょうかね。

藤沼　そうですね。経営者にとっては、思わぬ指摘は結構役に立つと思いますよ。

八田　耳の痛い情報には価値があります。価値があるから耳も痛いし、自分がそこに到達していないから面倒くさい、と思ってしまうわけですよ。

堀江　そうですね。今の話のような根本的なところに気づかない限り、内部通報制度は、仏作って魂入れずとなるかもしれませんね。

3つのディフェンスラインと不正防止・発見との関係はどう考えるか

八田

組織のなかで不正を発生させてはいけませんが、起こりうるという前提で考えた場合、二重三重に対策を講じながら、不正を防止しようという流れがあります。そこで網を何重にかけるか、ということがよく議論されますね。内部監査の議論でも、ディフェンスラインは3つぐらいあるだろうとよく言われます。最近では4つ5つ、という意見も耳にしますが、この点について堀江さん、簡単に説明してください。

堀江

スリーディフェンスラインとか、3線ディフェンスと言われるものですね。まず、現業部門で上司が部下のモニタリングを行う、これが第1のディフェンスラインです。次に、リスク管理部門やコンプライアンス部門を設置し第1のディフェンスラインのモニタリングを行う、これが第2のディフェンスラインです。そして、業務部門から独立した内部監査が第3のディフェンスラインとなります。

藤沼

このような、いわば3層のディフェンスラインを運用しようとするとき、どんなことがポイントになるのですか？

堀江　それは今申し上げた第2ラインの位置づけです。リスク管理部門やコンプライアンス部門は、部門横断的に情報を集めて、全社的な管理を目指すという趣旨でつくられているケースが多いと思います。ところが、この第2ラインの機能が整備され、本来現場で行うべきさまざまなチェック機能やモニタリング機能まで担いはじめるようなことがあると、第1ラインとしての現場でのディフェンス機能が緩んでしまう可能性が起こり得ます。第2ラインは第1ラインに先行すべきでなく、第1ラインでできないこと、あるいは第1ラインの問題点を束ねて解決することに集中する必要があると思います。

それと、第3ラインにある内部監査との関係ですね。第3ラインにある内部監査部門が第2ラインの機能の有効性を監査の対象とするということは十分に起こり得ますし、誤った考え方でもありません。しかし、内部監査部門が第2のディフェンスラインとの情報交換等をはじめとした連携をうまく取っていくこと。不正の防止や発見という使い方だけでなく、業務横断的なテーマ監査という観点からも、連携を取るようなアプローチの方が効果的ではないか、と思っています。

藤沼　ある金融機関で監査委員をやっていたときの話ですが、イギリスの規制当局は、ディフェンスラインが複数あることはわかるが、一番重要なのは第1のディフェンスライン、現業部門だというんですね。彼らは日々ディールをしていますから、ものすごく大きな金額を動かすわけです。だから、現業部門が大事だというんです。ディールの後で発見してもまったく意味がないということで、彼らはフロント・オフィス・スーパービジョンという言葉を使います。「フロントオフィスのスーパーバイザーがかっちりと自分のディーラーを……」というような感じですね。

三菱UFJモルガン・スタンレー証券の**相場操縦の不祥事**(14)でも、ディーラーは損失を抱えていたようでしたが、まずフロントディフェンスラインがチェックしていたら、すぐにわかってしまったのではないかと、想像しています。

堀江　事故が起きるのは第1ライン、現業部門で起こるわけですから。おっしゃるとおりだと思います。そこはしっかりさせないといけないですね。

八田　第2のディフェンスラインがいくら頑張っても、現場でやられたら終わりですからね。

堀江　そのとおりです。ですから、先にも話しましたように、第2ラインのあり方については気をつけて考える必要があります。第2ラインの存在で、第1ラインのコントロールが緩んでしまっては意味がありません。

---

(14)　三菱UFJモルガン・スタンレー証券のディーラーが、日本国債の先物取引で相場操縦をしていた事件である。実際には成約させる意思がないにもかかわらず大量の売りと買いの注文を出す「見せ玉」と呼ぶ手口で不正に価格を操作した。不正取引をしたのは同社のディーラー1人で、自分の取引で抱えていた評価損を回復するために相場操縦をしていたとみられている。証券取引等監視委員会は2018年6月、日本国債の先物取引で相場操縦をしていたとして、同社に対して2億1837万円の課徴金納付を命じるよう金融庁に勧告した。

八田　なるほど。

堀江　第2ラインで見つけてくれるだろうから、という発想になってしまいかねないわけです。次が見てくれるから、まぁいいだろうと通してしまう。稟議などで、これだけ多くの人がチェックしてくれているとか、信頼のおける人が先に見てくれているから大丈夫だろうと、よく見もしないで判子を押すのと同じ論理です。

藤沼　とはいえ、第1ラインの現場管理者が「やれやれ大変だ」みたいな反応をするタイプの人の場合、第2ラインの人が出ていかないとチェックできないということはあり得ますよね。

堀江　それはあるかもしれません。予防と発見を分けて考えるとすると、第1ラインでは、できるだけ予防的な機能を果たすようにし、そこで漏れたものを第2ラインの発見機能で拾っていく、こういう考え方もあり得ると思います。

藤沼　そういうことですね。

八田　２０１８年４月に行われた**日本監査役協会の全国会議**[15]でのパネル討論会でも、進行役が３つのディフェンスラインについて取り上げて、弁護士にとっても非常にわかりやすい仕組みだという意見が出ました。このディフェンスラインについては、現時点では３つで止まってしまっていますが、まだその上も考えるところがあると私は思います。

藤沼　それはありますよ。監査役もいますからね。

堀江　監査役とか取締役会が第４ラインになるとか、そういうことですか？

八田　まさにそういう話をしたのです。

藤沼　金融庁にいらした方も、自分が金融庁にいたときは、証券取引等監査委員会が、第４、第５のラインだと考えていたと、そのようなことをおっしゃっていましたね。

八田　例の四様監査という主張ですね。

藤沼　そうです。

---

(15)　2018年４月に開催の日本監査役協会の第86回監査役全国会議でのパネルディスカッション「経営と現場の『乖離』に対する有効な対策と監査役等の役割」で、３つのディフェンスラインについての議論も行われた。詳細は、次を参照のこと。「経営と現場の『乖離』に対する有効な対策と監査役等の役割」『月刊監査役』第684号、2018年７月、4-49頁。

八田　それぞれが一筋縄ではいかない場合、複合的に次のステップで対応していく必要性はあると思いますが、不正は現場で起きていますから。どういう手段でそこに意識を植えつけていくか……。

堀江　そういうことです。それが一番大事ですよね。

八田　やはり本気でやろうと思ったら、発見されないように現場も必死で仕組むわけですから、簡単に発見、というわけにはいきません。

藤沼　それはそうですね。

八田　そこをしっかりとするためには、現場で不正をやらせてはいけないという、強い意識が大切です。そのため、倫理的な教育が必要とされるのです。当然、不正を犯すのは人間しかいないわけですから、最後は必ず人間の問題に行き着くと思っています。

不正発見後の対応と第三者委員会の役割

八田

これまでうかがったように、不正の早期発見のための仕組みを考えるうえで、ディフェンスラインの役割が重要だということはよくわかりました。しかし、不正が１００％なくなるということはあり得ません。そうなってくると、不正が露呈したり、あるいは発見されたとき、次なる手をどうやって打つか、それが問題になると思います。特に不正が起きたあとに取るべき対応を誤ると、２次被害やら大炎上につながる恐れもあります。そのため、不正発見後の対応をどうするべきか、その対処法も考えていく必要があるでしょう。

堀江

それはとても重要ですね。

八田

まずは基本的なこととして、不正を発見したあとの組織の対応について考えたいと思います。不正は起こり得るという意識を、上層部が常日頃から持っていなければ、おそらく即時での対応は困難でしょう。そのあたりを踏まえて、まず、藤沼さんのお考えをお聞きしたいと思います。不正発見後の対応としては、まずなにが必要でしょうか？

藤沼

どの程度の不正か、不正の種類や大きさによって、対応はそれぞれ違ってくると思います。大きな不正であれば、当然のことですが、まず経営者のもとに第一報が入ると思います。それから取締役会等に報告して議論を重ねて対応策の検討に入ります。そして出てくる具体的な対応策としては、一般的なものとして、不正調査委員会の設置、外部の第三者委員会の組成、という流れになると思います。会社によって若干の違いはあると思いますが……。ただし、いずれにしても、このような不正調査委員会や第三者委員会がつくられる場合は、監査役会や監査委員会が深く関与する必要があるでしょう。

八田

それはなぜでしょうか？

藤沼

最近では、会社側が設置した第三者委員会が、執行部の意図を忖度して独立性がないという批判もありますので、監査役会や監査委員会はこの調査に最初から関与することが大事だと思います。そして、調査委員会では調査の過程で生じた事実や課題などを誰にいつ報告するのかをあらかじめ決めて、情報のリークもありますので、秘密情報の保持も含め迅速な調査が大切ですね。

堀江

おっしゃるとおりですね。

藤沼

さらに、報告に当たっては、中間報告のような形式での情報開示も必要になると思います。当然のことですが、会社の執行部は調査委員会にきちんと関与して、不正の根本原因を究明して、その改善策を真剣に議論する必要があります。

堀江

どのようなタイミングでどのように広報や開示をするかの検討も大切ですね。

八田

全般的なお話をうかがったわけですが、不正が露呈したとき、社内での情報共有も当然必要になってきます。昨今の傾向としては、供給している商品が、問題を抱えたまま消費者に渡ってしまうことがあります。その旨を社会に発信するという流れもあると思います。そこで堀江さんにおうかがいしますが、不正が露呈したとき、会社や組織が社会に対して、まずどのような対応を取るべきだとお考えでしょうか？

堀江

そうですね。

八田

私の印象としては、メディアは会社や組織そのものではなく、すぐに不正調査委員会や第三者委員会に問題解決を委ねるべきではないかと考える傾向が強いように感じることがあるのですが……。

堀江

まず、できる限り早いタイミングで、現在何が起こっているかを正直に伝えることが大切だと思います。原因と対策がはっきりとするまで何も言えませんというのが最悪のパターンではないでしょうか。また、謝罪会見1つとってみてもわかるように、誰に対してメッセージを発するかということがポイントになると思います。誰に謝罪しているのかわからないケースも多いですよね。

それと、不正が起きた場合、対外的な対応だけに目が向いてしまいがちですが、組織内に対してどういうメッセージを出すか。それも重要な問題です。

記者会見ばかりが注目されがちですが、もう少し社内的な目線も必要ではないでしょうか。組織のトップがどのようなメッセージを社会に対して出すのか、それが社内に十分に伝わっていないような気がします。

藤沼

そういうところはあるかもしれませんね。

堀江

トップがマスコミの前に出て謝罪しても、事実関係がよくわからないまま、ただ謝っているだけではないか、と感じることもあります。社内でのレポーティングのルート、情報の共有、そういったことをきちんと考えていくべきです。マスコミの前に出る企業は、迅速に対応していると思われるように、言い訳をしていると取られないように、炎上につながらないように、そういう表面的なことばかり気にし過ぎているのではないでしょうか。どれくらいの角度で、何秒間頭を下げるとか、といったことではないでしょう。

八田

危機管理や危機対応の考え方の1つとして、リスクマネジメントがありますね。しかし不正が顕在化してしまうと、今度はクライシスマネジメントのモードに入ります。

堀江

そうなりますね。

八田

ということで、事前対応と事後対応についても考える必要があります。ただ、これは切り離して議論できませんよね。

堀江

そうですね。事前対応の良し悪しによって、事後対応はまったく変わってくるでしょうね。

八田

組織内での対応については、堀江さんがおっしゃったように、やはり、まずは、組織を預かるトップレベルの人に正しい情報を伝えることが必要でしょう。

堀江

そう思います。正しい情報を適時にというのがポイントですよね。

八田

それと、公開された情報やマスコミが報道した情報を見ると、果たしてそれが真実なのか。本当に正しい情報として伝わっているのか。そう考えると、多くの場合、断片的な情報しか出ていないような気がします。ですから、仮にタイムリーに記者会見を行うことができても、あとからどんどん情報を訂正しなければならない状況に陥ることもありますよね。

藤沼

新聞の情報の方が詳しいこともあります。

堀江

社内の人達が新聞の情報ではじめて詳細を知ったというのではお話になりませんよ（笑）。

八田

そうですね。そのあたりに、日常の対応ができていないという問題が垣間見えます。それから、会社の存続にも影響を及ぼすような重大な不正が露呈した場合、組織のトップ、取締役会、場合によっては監査役や監査委員等がどういう対応を取るか、そういった問題もあります。

上場企業のガバナンスコードもそうですが、「外の目を入れろ、入れろ」と言いますよね。これは、重大な不正が露呈した場合には、どうしても外の目線での対応が必要になるからだと思います。私自身、社外役員の一番の使命は、平時ではなくて有事のときにどう動くか、そこにあると思っていますので。

藤沼

そうですね。ただ、有事の対応にあまり慣れてない人もいるでしょう。

八田

通常われわれが目にする上場会社の社外役員のほとんどは、独立役員ということで登録しています。そうであるならば、彼らが大きな役割を果たす存在になるべきだと思いますが、その点はいかがですか？

堀江

有事のときこそ社外役員の出番があるというのは、1つの視点だと思います。たしかにおっしゃるとおりです。

八田

個別の事例を引き合いに出すわけではありませんが、不正が露呈したときに、社外取締役などが、「私も騙された、こんなひどい会社だとは思わなかった」と逆に辞任するという例もあると耳にしたことがあります。社外役員の存在意義を問いたくなりますよね。ステークホルダーに代わって会社をいい方向に向けながら、問題がある場合にはそれを指摘して改善勧告をする、そういうポジティブな役割を担えていない社外役員もいます。

堀江

たしかに、それは問題ですね。

八田　監査役会のメンバー、あるいは社外取締役の方は業務執行にはかかわっていないわけですから、健全なモニタリング機能を発揮することが期待されていますが、できていない場合も多いようです。藤沼さんは複数の企業で社外取締役や社外監査役の経験をされていますが、仮に有事に陥ったとして、ご自分ではどのように対応するとお考えですか？

藤沼　調査委員会や第三者委員会を組織したとしても、調査の状況には関与していくべきだと思います。また、調査内容はきちんと報告してもらって監査役会等で議論したいですよね。

八田　私自身、２０１４年に発足した**「第三者委員会報告書格付け委員会」**(16)のメンバーとして、不祥事企業の第三者委員会報告書についていくつか分析してきています。その際、専門家の間で議論になるのは、まず調査委員会のメンバーがどのように選任されて、どのような役割を担っているのか、ということです。ここが非常に大事な部分ですね。経営トップの人事権を持った人が委員会をすべて取り仕切るケースだけではなく、経営者を巻き込んだ不正という場合も往々にしてあるわけですから。

藤沼　ありますよね。

(16)　2014年、弁護士の久保利英明氏を委員長とし、他８名の委員により、第三者委員会等の調査報告書を「格付け」して公表することにより、調査に規律をもたらし、第三者委員会およびその報告書に対する社会的信用を高めることを目的として組織された。2018年10月現在、18本の格付け結果を公表している。

八田　自己弁護的な報告書では社会が納得しないところがあるので、人選に対しても社外役員が十分な役割を担うべきだと思います。

堀江　そういうことですね。

八田　調査委員会は社内でも社外でも構わないと思います。ただ、委員会がなにを調査項目として挙げるか、これを明らかにしておく必要があります。範囲を広げて調査しなければならないのに、調査項目が限定されていて本丸に入ることができなかった、という例もありますから。調査委員会をつくることは簡単かもしれません。しかし、ミッション、調査範囲、リソース、人選、サポート体制など、運営にはかなりの課題があると思います。

藤沼　たしかにそうですね。

八田　第三者委員会のあり方を考える1つのモデルケースとして、日本弁護士会連合会が策定した**「企業不祥事における第三者委員会ガイドライン」**(17)というものがあります。

堀江　そうですか。具体的にどのような使われ方がされているのでしょうか？

---

(17)　日本弁護士会連合会が、2010年7月（2017年12月改訂）に策定したガイドラインである。企業不祥事に際して第三者委員会が設置される場合、弁護士がその主要なメンバーとなるのが通例であることから、当該委員会の活動がより一層社会の期待に応え得るものとなるように、現時点でのベスト・プラクティスを取りまとめた自主的なガイドラインとされている。

八田
私はこれに照らして第三者委員会の報告書を検証することにしています。しかし、ガイドライン自体、必ずしも１００％十分ではないのかな、という気がします。それは中身の問題というよりも、調査委員会が独立したものかどうかということです。独立した外部の立場での専門的な業務へのコミットメントということを考えると、第三者委員会の調査自体、独立した会計監査人の監査と非常に仕組みが似ているということです。そうすると、会計監査人のように外観的な独立性と精神的な独立性が求められます。

堀江
なるほど。

八田
外観的な部分の1つに経済的な独立性があります。その際、社会から問われることは、「報酬をもらって独立と言えますか」「お金をもらって本当に厳しいことが言えますか」、ということです。ほとんどの人たちはこの経済的な部分に疑念を抱くわけです。
日本大学の第三者委員会が被害者側のヒアリングに行ったときに、その被害者側の方が第三者委員会に「あなたたちはお金をもらっているのですか？」と聞いたそうです。当然、報酬はもらいますよね、業務としてやっているわけですから。そこで外に向かって、この第三者委員会は独立していないと言うわけです。しかしこの経済的な部分については、善悪ではなく、一般的にそう思われることが多い、ということです。

堀江

そうですね。実体はともかくも社会的にはそう見られますね。報酬とその算出根拠もあわせて開示されるようになれば、社会の見方も少しは変わってくるかもしれませんね。

八田

しかし「第三者委員会ガイドライン」も、報酬規定については殆んど触れていません。ただ一部、「報酬は、時間制を原則とする」と書いてあるだけです。したがって、このガイドラインに従っていたとしても、社会の人々を納得させられない状況も見られるということです。

堀江

なるほど。

八田

専門的な知識を持った人選が必要なわけですから、ある程度の金額は仕方がないかもしれません。ただ、トップが絡んだ不正を調査する委員会の人選をトップが行い、トップの意向で委員会に対する報酬を会社の財産で払うような場合、「ステークホルダーが納得するだろうか」と疑念を持ってしまいます。

堀江

おっしゃるとおりですね。

八田

しかし、社内だけでは手に負えなくなるときもあります。そうした場合には、外部のコンサルタントなどを使う場合もあると思います。特に今は、フォレンジックタイプの調査が必要になりますからね。

藤沼

つまり、社内が中心になって外部のコンサルタントや外部の人間を調査に利用するということですよね。

堀江

藤沼さんがおっしゃるように「社内が中心になって」というところが大切だと思います。たしかに独立性の問題はありますが、少なくとも上場会社であるならば、自浄能力があるということをどこかで示してほしいですね。

藤沼

ただ、不正調査は短時間でやらなければならないと思います。社外役員の方は、一般的に自分の仕事を持っていますから。それと、元経営者と言っても、不正調査の専門家ではありませんからね。そのあたりのところはコンビネーションを上手にとらないと、本当にいい調査レポートというのは出てこないという感じがしますね。

八田

社外取締役でも社外監査役でも、その人が時間をかけて現場に行って調査するべきだとは、私は考えていません。調査の方向性を定めながら、途中で問題を検証し、可能な限りの納得が得られるような調査活動が行える環境が必要だということです。

堀江 そうですね。内部でなければできないこと、内部がしなければいけないこと、外部でなければできないこと、それぞれあると思います。そのあたりの仕分けをきちんと考えていくべきですね。外部への丸投げというのは……。

藤沼 避けた方がいいですね。

八田 そして、外部の立場で組織された第三者委員会から出てきた報告書についてですが、残念ながら、不正の真因を究明できていないものが多いことも事実です。そういった品質の劣化を止めるために、例の第三者委員会報告書格付け委員会は、社会からの不信感を払拭して、信頼しうる報告書の公表を促すという目的もあります。

堀江 ところで、格付けはどのように行われるのですか？

八田 私自身、２０１８年８月までの４年半で18本の報告書の格付けをしてきました。ＡＢＣＤの４段階評価です。Ａは「優」の上で「秀」、ＢＣＤは、いわゆる「優良可」の評価ですから、大学の成績評価に当てはめれば、一応単位が取れて及第だということです。しかし、評価に値しないと判断されたものについては、Ｆ（不合格）となります。結果は**図表5**を見ればわかりますが、これまでの結果は驚くほど低い評価になっています。ただ、これは各委員が自分の主観と判断でやっていますから、平均的な総合評価ではありません。ほとんどの委員がＦ評価をつけたという報告書もあります。

藤沼 Ｆというのは最悪な評価ですね。

八田 そうです。最近の事例として、雪印メグミルクグループの雪印種苗の報告書がありますが、これはなかなかいいというのでＡをつけた人もいましたが、ほぼ全員がＢでした。私もＢです。したがって、これについては、優れた調査報告書としての評価がなされるかもしれません。

藤沼 そうなんですか。

堀江 格付けの評価指標は、どういう基準になっているのですか？

八田 当初は、第三者委員会ガイドラインに則って行うと決めています。この基準としては10

［図表５］過去の格付け結果のまとめ

回	時期	対象組織	事案	格付け結果				
				A	B	C	D	F
18	2018年８月	日本大学	アメフトにおける重大な反則行為			1	7	
17	2018年７月	雪印種苗	種苗法違反	1	8			
16	2018年３月	神戸製鋼所	検査結果の改ざん				3	6
15	2018年１月	日産自動車	不適切な完成検査の実施				6	2
14	2017年７月	富士フイルム ホールディングス	海外グループ会社不適正会計		1	7		
13	2017年４月	ディー・エヌ・エー	キュレーション事業	1	4	3		
12	2017年２月	日本オリンピック委員会	東京オリンピック招致活動				6	2
11	2016年11月	東亜建設工業	地盤改良工事の施工不良					9
10	2016年８月	三菱自動車工業	燃費不正問題		5	1		
9	2016年５月	王将フードサービス	コーポレートガバナンス体制			1	3	2
8	2016年２月	東洋ゴム工業	免震積層ゴムの認定不適合		1	4		4
7	2015年11月	東芝	不適切な会計処理			4	1	3
6	2015年８月	ジャパンベスト レスキューシステム	連結子会社における不適正会計		5	4		
5	2015年５月	労働者健康福祉機構	虚偽の障害者雇用状況報告書		2	5	2	
4	2015年２月	朝日新聞社	慰安婦報道問題				3	5
3	2014年11月	ノバルティスファーマ	臨床研究における問題行為		6	3		
2	2014年８月	リソー教育	不適切な会計処理			4	3	2
1	2014年５月	みずほ銀行	反社会的勢力と取引			4	4	

出所：第三者委員会報告書格付け委員会。

項目あって、それらを総合評価するのですが、いろいろなパターンの報告書がありますから、やはり、個人的な主観が入るものと思っています。

堀江

それはそうでしょうね。

藤沼

委員の人選という面ではどうですか？

八田

かつてその会社でなにか別の問題があったときの弁護人というのも、評価する側としては疑念を持つことがあります。もちろん評価される側が、きちんと情報を開示している場合もあります。たとえば雪印種苗の報告書には、委員長になった人は３、４年前に子会社を買収するときのデューデリジェンスの責任者でしたが、それ以外は利害関係がないので今回も選出しました、と報告書に書いてありました。しかし、私からしてみれば、なぜその人でなければならないのか、余人をもって代えがたいという理由がわからない。わざわざ報告書のなかで説明しなければならないのなら、避けた方がよかったのではないか、というコメントを入れました。

藤沼

なるほど。

八田　それから非常に専門性の高い製品の偽装を調査する場合、たとえば自動車会社の部品の偽装に関するときには、自動車関連の専門知識を持っている人がいないと話になりませんからね。

堀江　それはそうですね。

八田　会計不正の調査委員会でありながら会計の専門家がいない、といった報告書もいくつかあります。

「それはおかしいですよ」と私が事あるごとに言っていたら、今はほとんどなくなりました。かつて、自分の**論文**(18)でも第三者委員会の課題等について指摘しました。今では会計不正ではない場合でも、委員を4人選ぶと、そのうち1人はだたい会計士が入るようになりました。東芝の委員会には4人のうち2人の会計士が入っていましたね。

堀江　第三者委員会の報告書の使い方や目的、それを改めて考えると、どういう位置づけのものだと理解すればいいのでしょうか？

八田　報告書を読んでも、十分に真因が究明されたとは言えないものも多くあります。そもそ

---

(18)　八田進二「第三者委員会をめぐる会計上の課題と展望」『商学論纂（中央大学商学研究会）』第54巻第6号、2013年3月、119-136頁。

も報告書が出たあとは、どうなると思われますか。会社としては、報告書を受け取ったことによって、「禊は終わった」と考えている節があります。したがって、批判されるような質の悪い報告書であっても、会社の方も委員会の方も、双方ウィン・ウィンの関係になっているわけです。

藤沼 刑事告訴を受けないように書いてくれれば、それでいい。

堀江 あとは報告書をホームページに出してしまえばそれで終わり、ということですね。

八田 だから、報告書が良かろうが悪かろうが関係ない。会社の方は、出た結論を真摯に受け止めます、そう言えばいいのだ、というスタンスにみえます。報告書をしっかり読んで、その内容が正しくない、いい加減だと格付け委員会がいくら批判しても、もう事態は収束に向かっているわけです。実際に、「会社と委員会の双方がウィン・ウィンの関係だから、それでいいんですよ」という人もいます。「第三者委員会報告書に関する第三者委員会」なんてものはありませんから。

堀江 あったら面白いですね（笑）。

八田　第三者委員会を設置するといった流れは、ちょうど司法試験制度の変更がなされて、法科大学院経由の弁護士が溢れはじめたときにはじまりました。

ただ、本当のきっかけは1997年に破綻した**山一証券の社内調査委員会**(19)が公表した報告書が契機となっています。その後、1998年の日本長期信用銀行の粉飾事件での対応において取り入れられています。この訴訟で被告銀行側が1審と2審で負けたのですが、最高裁で覆り、無罪となったことで、その意義が高く評価されたのです。つまり、2審のあとに外部調査委員会が発足して、調査がはじまったのです。銀行側は「われわれは当時、税法基準に則っていて、意図的に粉飾したわけではない。したがって、当時の会計慣行に抵触していない」と主張していたわけです。こうした主張を証拠づけるための第三者調査がなされ、結果として、全面勝訴したわけですよ。

堀江　そうでしたね。

八田　それで、「なるほど、そうか。自分たちがどんなに声高に言ってもだめなんだ。外の目を入れて調査してもらって報告書を出した方がいいんだ」となったわけです。それが有効に機能した外部調査委員会のスタートです。それで、弁護士業務の一環としてやりはじめたと思ったら、そのあとに続いた**フタバ産業の不正事件に係る社外調査委員会**(20)が、質の悪

(19)　1997年、当時、野村證券、大和証券、日興証券とともに日本の「四大証券会社」の一角にあった山一證券が、不正会計（損失隠し）事件後の経営破綻により自主廃業した。不正調査のため「社内調査委員会」を発足させ、1998年には「簿外負債を中心として」と題する調査報告書を公表した。①破綻に至る事実関係を第三者的観点から検証して、対外的に公表したこと、②破綻企業の自浄作用を発揮し、ステークホルダーに対する説明責任の履行を通じて社会的責任を履行したことから、その後の第三者委員会の設置という実務に発展した。

い報告書を出してしまいました。

藤沼 そうでしたね。

八田 要するに経営者の責任を回避することばかり書いているのです。その結果、証券取引等監視委員会は「これでは信用できない。もっとちゃんとした第三者委員会でなくてはならない」といったような批判をしたのです。そこで、第三者委員会ガイドラインが策定されたこともあり、このガイドラインをベースに報告書を格付けしようということで、２０１４年に第三者委員会報告書格付け委員会が設置された、という流れです。

堀江 なるほど、よくわかりました。ところで、この第三者委員会というのは日本独自のものでしょうか？

八田 私が知る限り、この第三者委員会の制度は日本発です。

堀江 日本発の制度ないしは取組みということで国際標準になることもあり得るのでしょうか。

---

(20) 2008年に不適切な会計処理が発覚したフタバ産業は、当該不正調査のための委員会を立ち上げたが、真因等に迫ることができず、結果として、３つの社外調査委員会の報告書が公表された。最初の「社外調査委員会」報告書（2009年３月）では、不適切会計処理は意図的でないと指摘。次の「特別調査委員会」の調査報告書（2009年５月）では、不適切取引の原因は役職員の遵法意識の欠如と断言。その後の「責任追及委員会」の答申（2009年７月）では、代表取締役らの役職者に損害賠償責任ありと結論づけた。各報告書での事実認定と結論等に大きな違いが存在したことから、第三者委員会報告書の客観性と信頼性に多くの疑義が投げかけられることとなった。

八田　現時点では、国際規範にないわけですよ。そこで、制度のあり方に疑念を持った際に、弁護士の方におうかがいしたところ、これを真似たような組織を海外でもつくりはじめているとおっしゃっていましたが。

藤沼　海外の事務所は商売熱心ですからね。

八田　であれば、きちんとした理想形の活動ができる方向性をわれわれ日本から発信する、ということがあってもいいのかなと思います。

業務委託先での不正にどのように対応すべきか

八田　不正の問題は、会計不正もそうですが、企業集団ないし企業グループ、会計用語で言うならば連結ベースでの対応が求められているということがあります。これまでの議論のなかにも出ましたが、金融商品取引法上の内部統制報告制度では、業務委託先、つまりアウトソースの業務内容や信頼性、会計数値の適切性についても、依頼者側が一応対応すべきである、という立て付けになっています。この業務委託先で起きる不正に対してどう対応するのか、堀江さん、いかがでしょうか？

堀江　内部統制報告制度の基準でも、委託先との関係は契約で成立しているので、委託元で具体的にどんな管理が必要かとか、委託先をどう管理するかといった点については、あまり踏み込んだ規定を置いていませんよね。非常にやんわりとした感じです。

八田　たしかに委託先との関係で資本関係でもない限り、踏み込めませんからね。

堀江　しかし現実問題として、資本関係の有無にかかわらず、委託先での事故は多く起こっているわけです。そのときにいつも考えることがあります。それは、内部統制としての委託元の管理体制についてですね。アウトソーシングに関する内部統制という議論になると、すぐに委託元が委託先をどのようにモニタリングしたり管理したりしているのか、きちんと管理しているかどうか、という議論になってしまいます。

また、委託先の内部統制の状況を委託元が直接たしかめることができないので、日本公認会計士協会の**監査保証実務委員会実務指針第86号**(21)を利用したりしています、それで終わり。こういった議論が多いように思いますが、委託元企業で、アウトソーシングに関する内部統制がしっかりしているかどうかが、まずもって考慮されるべきです。委託元における基本的な外部委託に関する管理方針なり内部統制がしっかりとしていなければなりません。それがないから、委託先で事故が起こると慌ててしまうわけです。

八田　親会社の場合もそうですし、1つの組織をみても、影響力を持っていたり、あるいは権限を発動できるところが率先して見本を示して、ある程度の管理体制のモデルケースをつくって、まずはそれを全社的に伝えることが大切です。一方的に、勝手な要求ばかりしても、範を示すことができなければ、なかなかそれに応えてもらえません。そもそも委託元自体、自分たちが考えている内部統制対応ができているという確信を持てないとだめでしょうね。そのうえで、管理体制については、もう少し視野を広げた理解をしておく必要があります。

---

(21)　日本公認会計士協会が公表している実務指針であり、「受託業務に係る内部統制の保証報告書」をいう。2011年公表。本指針は、公認会計士または監査法人が、委託会社の財務報告に関連する業務を提供する受託会社の内部統制に関して、委託会社とその監査人が利用するための報告書を提供する保証業務に関する実務上の指針を提供するものである。このように、受託会社における財務報告に係る内部統制の評価に限定された保証ゆえ、一般には、財務諸表監査および金融商品取引法に基づく内部統制報告制度において利用されている。

堀江

管理体制の視野をもう少し広げるべきというお話には賛同します。そもそもアウトソーシングというのは、契約であるとともに、戦略でもあるからです。一例を挙げれば、社内に適切な人材がいないから外部に委託するというのではなく、外部の専門業者に委託した方が高いサービス品質が得られるからといった見方です。

藤沼

堀江さんが、外部委託は契約でもあるとおっしゃったように、大事なことは業務委託契約書をきちんとつくっておくことだと思います。業務委託ですから、当然委託元のデータも外部に出すわけです。そこでこれまでも委託先が委託元のデータを勝手に開示したり、使ってしまったり、そういう事件が起こりましたよね。データの保全や、必要に応じて委託元からの監査の受け入れなど、条件を明確にして、そういう条項をきちんと入れた業務委託契約書をつくっておかなければいけません。

堀江

それはたしかに必要ですね。特に海外企業へのアウトソーシングともなれば、契約がすべて。

八田

その通りですね。

藤沼　また、外部委託で気をつけなければいけないのは、**下請法**(22)です。委託元がいろいろな業務を下請けにやらせていますが、下請けいじめになっているケースが多々あります。委託元は大会社ですから残業規制を受けている。5時半頃になると仕事を下請けの業者に丸投げして帰社してしまう人がいる。下請けの担当者が、会社の人に「この資料を今晩中につくってほしいと言われた」というようなケースもありました。

こういう下請けいじめのようなことがあるから、委託元である雇用主の経営陣は、下請法に違反するようなことをやってはいけないと研修などを通じて言っているのですが、なかなか改善されません。

堀江　そうですね。藤沼さんがおっしゃるように下請けにかかわる問題は、不正の温床ともなり得るという点で十分な注意が必要ですね。

八田　最近の流れとして、安倍政権のもとで声高に言われている働き方改革として、同じ仕事を担当しているならば同等の扱いが必要ではないか、不平等性を解消しろ、と言っていますよね。業務委託や下請けの問題は、この流れにも影響してきますね。

藤沼　つきつめますと、委託元での管理体制をまずもってしっかりとしたものにすることが大

---

(22)　正式には、「下請代金支払遅延等防止法」という。大規模な親事業者から中小規模の下請事業者を守るために定められた法律である。親事業者と下請事業者との間の公平な取引を確保することを目的としている。なお、下請事業者とは、親事業者から仕事を請ける側の事業者を指し、個人事業主やフリーランスも対象になる。また、対象となる取引は、大別して情報成果物作成委託、製造委託、修理委託、およびサービス提供委託の4分野である。

切だということですね。ただ、委託先の評価となりますと、実務上も難しい問題がありま
す。

八田

たしかに内部統制の基準をつくるときに、委託先の管理体制に対して委託元に厳しい責任を求められたら本当に大変だという意見もありましたね。

堀江

そんなこともありましたね。

八田

委託先の内部統制評価については、若干お茶を濁した形で制度を運用させようといった流れがあったのではないでしょうか。

ただ、実際に世のなかで起きている不祥事を見ると、業務委託先で起きているものも多くあります。また、現実問題として、元請けである親会社など、業務を仕切っているところが、社会的な指弾を受けることもあります。その意味で、自社以外の問題であっても、決して他人事ではないということも留意すべきだと思います。

堀江

おっしゃるとおりですね。

内部監査は不正とどう向き合うべきか
―プロフェッション・オア・ローテーション

八田

不正の問題に限らず、企業の業務内容は健全だと社会が信頼し得る情報を発信するために、監査という業務があるわけです。この監査領域に関しては、社内的には内部監査、会社法での機関設計のなかでは監査役等の監査、そして外部の公認会計士または監査法人による会計監査人監査、という棲み分けがあります。この3つについて、それぞれ、不正との向き合い方や考え方を少し考えてみたいと思います。

最初は内部監査からいきましょう。堀江さん、いかがでしょうか?

堀江

COSOの報告書や企業会計審議会の内部統制の評価と監査の基準のなかでも、経営者や取締役会などの役割なり責任をいろいろ述べています。そのなかで少し面白いのは、内部監査のところだけ、内部統制の〝改善〟という言葉が出てくることです。平時における不正防止のための内部統制の改善、現実に不正が起こったあとの再発防止策としての内部統制の改善。そういう意味もあって、国際的にみても、内部監査の位置づけや重要性が、かなり強く意識されるようになってきているという印象が強いです。

このように、内部監査には内部統制の改善を通じた不正の予防と事後対応という間接的関与の色彩が強いのですが、もちろん不正の発見という機能もありますし、そのような役割が経営者から期待されている場合も少なくないと思います。ただ、わが国の内部監査部門は社長直属ですので、経営者不正ではなく従業員不正を前提として考える必要があります。

八田　そうでしょうね。

堀江　見方を変えて、歴史的な観点に立ってみますと、たとえばエンロン事件が起こる前までは、**ＩＩＡ**(23)**（内部監査人協会）**の動きなどをみていますと、企業価値を高めるための内部監査を目指せという、イケイケどんどん式の業務改善、業務変革のための内部監査を目指してきたわけです。

しかしエンロン事件が起こったあと、いきなり急ブレーキがかかってしまいました。不正を見つけられない内部監査では意味がない、もし不正でもあろうものなら内部監査はなにをやってきたんだ、という動きになった。そして喉元過ぎればではありませんが、今度はまた企業価値の向上だと言われはじめる。全体として見ると、こういった行きつ戻りつの波があります。ただ、内部監査のあり方は、１００社あれば１００通りの監査がありますので、企業によって不正への対応のあり方はさまざまであるというのが正確な言い方に

(23) Institute of Internal Auditors。内部監査の専門職としての確立等を目的として、1941年11月に、米国ニューヨーク州の法人として設立された。現在の本部は、フロリダ州オーランド市に置かれており、2018年２月末現在で、170以上の国・地域にわたり19万人以上の会員を擁する。国際的なスケールでの内部監査専門職としての啓発活動、内部監査の実務基準の策定、公認内部監査人（CIA）等の資格認定等、幅広い活動を行っている。なお、IIAの日本代表機関として、1957年創立の日本内部監査協会が世界的な交流活動を行っている。

なると思います。

八田

このあとにおうかがいする監査役等の監査、それから会計監査人監査は、日本においては一定の法律に基づいた位置づけが明確になっている法定監査です。一方、内部監査は、いずれの国においても任意であり、自主的なものという位置づけにあります。そう考えた場合、内部監査人の行動や内部監査の目的については、それぞれに創意工夫を凝らしながら行われるべきものと思っています。ただ、不正を防止するための内部統制という議論からすると、やはり内部監査は重要な独立的モニタリングの役割を担っている、という視点が必要です。この視点で内部監査は不正の問題に対処すべきだという気がするわけです。

堀江

おっしゃるとおりですね。先に話に出てきました第三者委員会報告を見ても、不正の問題が起こると、必ず内部監査のあり方についての厳しい言及があるのは事実です。北米では、内部監査人をもって専門職（プロフェッション）としてみますから、事故が起こるともっと厳しい見方になるかもしれませんね。

八田

先ほどお話に出たアメリカのエンロン事件、それからワールドコム事件以降、不正を見抜けない内部監査は監査としてだめだ、という批判がずいぶん出ました。まったく同じ批判を会計士監査も受けました。不正を見抜けない会計士監査は用なしだと。そのあたりの批判は、おそらくアメリカという国の気質も関係していると思います。
社会の批判に速やかに応えるためには、どこかをスケープゴートにしなければいけなかった。それが監査機能を担っている内部監査人や会計士たちに向けられたということではないでしょうか。そういった不幸な時代はありましたが、やはり内部統制の有効性を大きく担保するために担う役割は、内部監査に大きな期待がかけられていると思っています。

藤沼

それはとても大きいと思いますよ。

堀江

日本でもここ10年ばかりで、不正対応を含めて内部監査への期待はびっくりするほど高まっています。

藤沼

ただその場合、内部監査部門に十分な予算と権限があるかということが問題です。内部監査部の人数や内部監査人の資質の問題から言うと、たとえば、内部監査部に必要な人員が配置されて、適切な人事ローテーションが行われているか気になるところですね。単純なローテーション制度ですと、有能な内部監査人でも一定期間たつと別の部門に移ってしまうパターンが多いので、内部監査部門内に適切な知見が保持できないという問題がありますす。日本と海外には大きな違いがあって、堀江さんが言うように、海外では内部監査人は専門職として扱われているんです。だから転職者が多い。一方、日本は、一般に社内の人事ローテーションで配属される。

八田　そうですね。

堀江　そうなんです。ＩＩＡが公表している内部監査人の行為指針は、「International Standards for the Professional Practice of Internal Auditing」、まさにプロフェッションのための基準なんです。

藤沼　海外はそうですよね。内部監査人は**ＣＩＡ**(24)**（公認内部監査人）**資格やＣＰＡ資格を持っていることが多い。日本では、まだこのような専門資格の保持者は少数ですね。理想的には、たとえばＩＴ専門家のような技能を持った人との組み合わせが望まれます。

堀江　それでも、最近では、日本内部監査協会の公認内部監査士やＣＩＡといった内部監査に特化した資格だけでなく、公認会計士（ＵＳＣＰＡを含む）の資格を持った人を内部監査部門に迎えるといった事例もあります。

藤沼　そういう意味では、今後の日本企業の内部監査部はプロフェッショナル人材とロー

---

(24)　Certified Internal Auditor。IIA が内部監査の技術の向上および内部監査人の水準設定を目的として実施する国際的な認定試験に合格し、実務経験等の要件を満たした者をいう。内部監査人としての唯一の国際資格であるCIAの称号は、内部監査業務に精通したプロフェッションとしてグローバルに活躍できることの証とも言える。1974年８月に最初のCIA資格認定試験が行われて以降、現在、世界約160の国と地域で，20の言語による試験が実施されている。日本でも、内部監査人としての能力の証明に対する要求の高まりに応えて、日本内部監査協会では、1999 年11 月より日本語によるCIA 資格認定試験を実施している。

テーション人材の組み合わせといった方向に動いていくのではないでしょうか。これは個人的な意見ですが、内部監査部門に内部告発の受入窓口を設けると面白いかもしれない、と思ったりもしています。

八田
ただ、内部告発の窓口については反論が出ると思いますよ。基本的に、内部監査の位置づけは業務執行のスタッフですから。

堀江
内部監査で、内部通報制度の有効性を監査の対象とする場合も起こり得ます。

藤沼
まぁ、そうですね。

八田
内部監査は執行の指揮命令系統下にあります。万が一、執行部になんらかの不正の兆候があるという内部告発を受けたとき、どう対処するのか……。

藤沼
海外では監査委員会制度ですから、内部監査部は監査委員会に直属するケースが多い。ですから、ある程度の対応は可能かもしれません。

堀江
たしかに会社の機関設計によって、内部監査の位置づけや役割が変わる可能性はあるかもしれませんね。

八田

内部統制報告制度ができたとき、私は内部監査を活かすための1つの方策として、監査役会のもとに位置づけるべきだという意見を出したのですが、こうした考えに対しては、多くの批判を受けたことを思い出します。

藤沼

私も取締役会でそういう議論をしましたが、社外取締役の元経営者が一斉に反論するんですね。社長として内部監査を抱えておけば、内部監査から指摘された事項について、こうしよう、ああしようと即決して決められるというのです。しかし中間に監査役会や監査委員会があると、事態の把握や調整に時間がかかるからだめだ、という感じです。

私が関与した会社では、社長と監査委員長が出席する合同の委員会をつくって、両者で内部監査部の予算や人事を協議することにしていました。また、内部監査部の月例報告は、社長と監査委員長が一緒に受けるようにしました。

堀江

そうですね。現在では、IIAの国際基準でも、日本内部監査協会の「内部監査基準」でもそうですが、レポーティングラインとして、内部監査の計画や報告を必ずボードにも上げるようになってきました。また、ガバナンスプロセスも監査の対象にするようになってきています。北米企業で見られるように、監査委員会にくっついていれば、かなり踏み込んだガバナンスプロセスの監査もできるんですけどね。

八田　そうかもしれませんね。

堀江　多くの日本企業のように、執行側の代表取締役にくっついていたら、ガバナンスプロセスを監査の対象にするというのはなかなか難しいでしょう。

八田　一般的に、日本企業の内部監査部がガバナンスを見るのは大変です。いつも報告している社長に対して、「あなたのガバナンスには問題がある」とはなかなか言えないわけです。そこは監査役等あたりが代わってやらないといけない、というところはありますよね。

藤沼　日本の場合には、組織内のガバナンス機関として監査役あるいは監査委員会がありますので、そこが中心になってガバナンス上の問題を見ていくという業務のすみ分けをした方が、内部監査部にとっても仕事がしやすいのではないかと思っています。

八田　さて、次の問題として監査役等の監査における不正の対応の問題が出てきます。

監査役等は不正とどう向き合うべきか

藤沼

外部監査人が持っている情報と、内部監査部門や監査役等が持っている情報には、それぞれの役割の違いから差異があります。監査役監査の成否にとってキーになるのは、まず常勤監査役の資質の問題です。常勤監査役は社内のことをよくわかっており、社外監査役の立場からすれば、常勤監査役は社内情報の情報源でもあります。しかし社内の人ですから、人間関係や会社の長年の慣行などによって、不正の芽に気がついても、なかなか言い出せないこともある。それを監査役会で取り上げ、社外監査役が「やりましょう」と背中を押すと、社内で動きやすくなりますね。

八田

そうかもしれません。

藤沼

しかし、指名委員会等設置会社だと常勤監査委員が任命されていないケースがあり、誰を情報源として頼ったらいいのかという現実的な問題に直面したという話を聞きました。法改正で監査役会設置会社から機関設計を変更した結果、監査の機能が形骸化したという問題も出ています。

また、日本公認会計士協会の社外役員ネットワークでの話ですが、ある**常勤監査役**(25)は執行役に戻るという役員人事を聞いてひどく喜んでいたそうです。この噂を聞いた社外監査役が監査役の独立性について心配になったという話を聞きました。

監査役の人事権を社長が持っているのが実情ですから、社長に嫌われてしまうと執行役に戻りたくても戻れない。このような人を監査役にしてしまうと、たとえば、任期中に忖度がなかったのか、監査役としての独立性の問題はなかったのか、という懸念が生じる可能性があります。

堀江　今のお話は、要するに処遇の問題でしょうが、やはり、監査役に求められる基本的な資質と関係するとともに、結果として、不正問題への対応にも影響があるかも知れませんね。

藤沼　そうですね。

八田　ところで、内部統制報告制度では、経営トップの姿勢、考え方あるいは経営哲学といった統制環境が、とにかく大事な要素だということです。モニタリング機能として、監査役等が行うべき重要な役割は、まさにそういった上位の立場の方たちの言動等を評価することだと思いますが、いかがですか？

(25)　監査役設置会社の場合、会社法の規定により、監査役のなかから常勤監査役を選定しなければならない（会社法390条３項）とされている。しかし、「常勤」についての明確な定義がないため、一般には、他に常勤の仕事がなく、会社の営業時間中原則としてその会社の監査役としての職務に専念する者とされている。

藤沼

それはそうですね。

八田

一般の方に理解していただくために、「監査役のメインの仕事はなんですか？」と尋ねられたとき、それは「内部統制の番人だ」という説明を私はずっとしてきました。いろいろなレベルの不祥事がありますが、監査役等は内部統制の最終的な番人としての役割を果たさなければならないと思っています。

堀江

なるほど。「番頭」になってはいけない（笑）。「番人」でなければいけないわけですね。

八田

日本の監査役制度には常勤監査役という形態があります。これは企業内の情報を幅広く獲得するためには非常にいい制度です。ところが米国型の指名委員会等設置会社や監査等委員会設置会社は、独立性や専門性の高さを強調するために非常勤でかかわる方が大半です。こうした米国型ですと、不祥事の芽や端緒が、いつ、どこで見つかるか、大変わかりづらいですよね。やはり日本型の常勤の形態のように、企業内にいる時間が多いと、さまざまな情報に触れる機会も多いと私は思うわけです。

ところが、指名委員会等設置会社や監査等委員会設置会社の方に変更すべきといった流れがあります。監査役（会）設置会社では、求められているようなモニタリング機能が期待できないということで、そうした議論になるのです。不正の防止ないしは発見という問題を改めて考えてみたとき、監査役もしくは監査役会が果たすべき役割は結構あるという気がします。

藤沼

私の場合、社内では経営上の課題や不正の兆候の有無などについて、まず監査役会で議論していますし、取締役会でも発言しています。また、定期的に社長などの経営トップからのヒアリングをして情報収集などもやっています。監査役業務は予想以上に忙しく、会社の事業を理解するために子会社や事業所に往査をしていろいろな方と意見交換するようにしていますし、内部監査部門および外部監査人とも、内部統制上の問題点の有無や、不正の兆候の有無などについて意見交換をしています。特に外部監査人に対しては、「なにかコメントはありませんか」とか、「こういう点は確認しておいてくださいね」とか、「こういうところは危ないかもしれませんよ」という提案はできるだけするようにしています。

八田

社内の現場の人やその他関係者が、真摯な気持ちで不正の兆候と思えるような情報を、監査役に伝えてもらえるようになるには、まず信頼関係がないといけません。やはり監査という業務を行う人にとって一番必要になる資質は、人から敬われること、リスペクトを受けられること、そういう立場に立てることだと思います。しかし、これはなかなか難しいですよね。

堀江
そうですね、難しそうですね。あまり近づき過ぎるのも、独立性という観点からみたとき、監査役の立場として問題でしょうし、かと言って座したままでは、八田さんのおっしゃる信頼や尊敬は受けられないでしょうし。

八田
難しいですが、絶対に必要なことです。自分の次の処遇を模索しているような部分が見えてしまうと、やはり、周りからの信頼を得るのは困難になるでしょうね。そういうことを考えると、単に監査役といったポジションを与えられているというだけではなくて、しっかりと襟を正すとともに、気概ある監査役となるためにも意識を変えるべき時代が来ていると感じます。法的には強い権限や身分保障がある監査役ですが、それに胡坐をかいていないで、本当に機能する監査役の姿を世のなかに見せるべきだと思います。

藤沼
本当にそうですね。

堀江
それを端的に出せる例の1つとして、不正が露呈したときに、監査役として組織内でどう行動するか、ということがあると思います。

八田
その不正が人事権に影響を持つトップにかかわることで躊躇ってしまうのであれば、まさにそのときにこそ社外監査役を使うべきです。

堀江

社外監査役の役割は、平時ではなく、むしろ経営トップがかかわる大がかりな不正といった非常時かもしれませんね。

八田

言葉は悪いですが、社内の人が社外監査役をうまく利用していくことが大事だと思います。逆にそうしてもらわないと「なにも聞いていなかった」とか「そうした情報は知らされていなかった」ということで、社外監査役も大恥をかくわけです。

堀江

藤沼さん、社外監査役としてどのようなところをポイントとされていますか？

藤沼

社長にもいろいろ聞くわけですが、特に気になるなと感じた部分、つまり経営上の問題点や課題と対応策、内部統制上の問題、そして不祥事などについて質問したりします。そういうところからトップレベルの経営者の姿勢や人間性がある程度把握できるのではないかと思います。子会社等での不祥事について監査役の立場としての意見を逆に聞かれることもありますね。

八田

もう1つ、考えておくべきことがあります。それは、企業の上層部の不正の問題には、いわゆる会計不正と、それ以外のたとえば独禁法違反や不正競争防止法違反といった、非財務的な不正といった性質の異なるものがあります。監査役は基本的にその両方を見なければならないわけです。

堀江　会社法上は、会計不正に限らず、広く法令違反行為がないかどうかチェックする必要がありますね。

八田　そうなった場合、上場会社等には、会計監査機能を担う公認会計士監査が導入されています。会計士監査の場合には、前者の会計不正の問題に対処することが求められます。したがって、監査役も、会計監査に関しては会計監査人の監査に依拠することができます。そこで、監査役としては、監査対象を絞り込んで業務監査の部分に関して力を発揮すべきではないか、ということです。そのあたりの棲み分けが必要ではないかということです。

そのうえで、それぞれの監査がどう連携していくか、ということがポイントになっています。

会計士監査への役割期待と三様監査

堀江 不正や不祥事が起きると、会計監査人による外部監査は社会的に批判を受ける場合があります。それは昔から言われているように、監査人サイドが考えている役割期待と、社会が監査人に対して抱いている役割期待との間にギャップがあるからです。いわゆる**期待ギャップ**(26)ですね。

藤沼さんは、**国際会計士連盟**(27)（ＩＦＡＣ）のトップにおられたときに、エンロン、ワールドコムの問題を乗り切ってこられた。そういう立場から、このあたりのギャップについて、どのようにお考えでしょうか？

藤沼 私ひとりで乗り切ったわけではありませんが（笑）。やはり会計監査においては、大きな不正会計を発見できなかったとなると、結果的に責任が問われてしまいます。いくら弁明しても誰も耳を傾けてはくれません。結局、結果責任がついて回るということを意識して監査を

---

(26) 監査結果の利用者が抱く監査に対する役割期待と監査人が考える監査の役割との間に認識のズレがあるということ。公認会計士等による財務諸表監査の目的は、財務諸表の適正性の保証にあり、不正の発見を主たる目的とするものではないと長年にわたって理解されてきた。しかし、不正会計の続発に伴い、投資家等の監査結果の利用者側からみたときに不正を発見しない監査では意味がないといった期待の高まりから問題とされるようになってきた。わが国の監査基準では、このような期待ギャップを解消すべく数次の改訂が行われてきた経緯がある。

(27) International Federation of Accountants。1977年に、会計基準国際協調委員会を発展的に解消して、設立された公認会計士の国際組織である。資本調達のグローバル化に伴い、国際的に調和のとれた基準を設定・公表することによって、会計プロフェッションの発展および強化につとめることを目的にしている。国際的な会計基準（従来はIAS、現在はIFRS）の設定以外の公認会計士業務にかかるすべての問題を担当している。現在の会長は、朱仁基氏（韓国）。本書の鼎談者の１人である藤沼亜起氏は、元会長である。

せざるを得ないというのが現実だと思います。

エンロンなどの不正会計について、IFAC側で対応したことは、不正会計は一過性のものではないので、不正会計に関係したすべての関係者の改善に向けた努力が必要になる、というメッセージを出していくことが必要であるということです。

堀江

なるほど。

藤沼

外部監査人は独立第三者の立場を厳しく維持して、経営陣に対してきちんと対峙していかなければなりませんが、エンロンやワールドコム事件後のアメリカでは、SOX法という、企業経営者、監査事務所、会計・監査基準設定者やマーケット関係者などをカバーする包括的な法律を成立させています。また、IFACでは「財務情報の信頼性の再構築」というテーマで、外部有識者が主体となって提言書を作成してもらいました。SOX法もこの提言書も包括的なもので、監査人にだけ責任を負わせるようなものではありません。日本では、公認会計士の自主規制機関である日本公認会計士協会がその自主規制を発展強化し、金融庁などの関連機関とも協力して、不正会計をミニマイズしていくことが大事だと思っています。

堀江

具体的に公認会計士にはどのような姿勢なり対応が必要となるのでしょうか？

藤沼

まず、取締役会のガバナンス、企業風土、その企業の執行部の考え方や姿勢、内部統制の問題点、最近の財政状態や業績などを把握したうえで、会社をどこまで信用できるのかをきちんと把握する必要があります。そうでなければ今日の社会が期待する監査はできませんし、事務所全体が崩壊してしまうリスクにもつながります。

エンロンのときはアンダーセン、カネボウのときは中央青山監査法人が巻き込まれてしまい事務所がなくなってしまいました。いくら他の企業の監査でしっかりやっていても、1つでも大きな穴が開くと、それに巻き込まれてしまうことがあります。それを避けるためにも、監査上のリスク管理が重要ですね。時には監査契約の辞退もあり得ると思います。

堀江

それはたしかにそうですね。

藤沼

あとは、重大な不正が実際に露呈した場合、外部監査人としては、その原因の究明と是正について積極的に関与していくことだと思います。第三者委員会が動いているときには、調査に協力することも必要ですが。

八田

21世紀に入っても、外部監査に関して、粉飾、不実な開示、虚偽記載といった事案がなくなっていません。こうした事案を払拭するためにも、外部監査においても、従来よりももっと踏み込んで対処しなければならないという流れは避けて通れないと思います。

藤沼　そうでしょうね。

堀江　期待ギャップが生じないようにするためには、まずもって日本公認会計士協会としての自主規制こそが大切ではないでしょうか。

八田　おっしゃるように日本公認会計士協会が自主規制団体を標榜するのであれば、期待ギャップが顕在化する前に取り組むべき対応策があるのではないでしょうか。厳しい言い方になりますが、そうした主体的な行動については残念ながら、あまり見えないのではないかと思っています。

さて、ここまで内部監査、監査後監査、会計士監査と話を進めてきましたので、次にこの3つの監査の関係について考えてみましょう。

藤沼　**三様監査**(28)ですね。

堀江　八田さんは、かつて、この三様監査の本来のあり方についての**論文**(29)をお書きになられていましたね。

---

(28)　取締役の職務執行を監査する「監査役」（監査委員または監査等委員なども含むものとする)、会社の計算書類等を監査する「会計監査人」、そして内部監査部門による内部監査が三様監査と呼ばれている。それぞれの監査担当者が情報を交換し、監査計画の作成や監査手続の実施が効果的・効率的に行われるよう協力、連携することが求められている

(29)　八田進二「三様監査の誤解を解く」『会計プロフェッション（青山学院大学大学院)』第12号、2017年３月、123-139頁。(なお、以下は、一部補筆したものである。八田進二「三様監査の誤解を解く」『月刊監査研究』第43巻第５号、2017年５月、１―16頁。)

八田
そうそう。日本監査役協会は監査役と会計監査人の連携に加えて、2017年はじめに、**監査役と内部監査との連携**(30)、とまで言いはじめています。つまり、監査役として、自分たちのテリトリーにおける監査だけでは十分ではないことから、内部監査とお互いにシナジーを持ってやろうではないかということです。
ただ、私の論文でも指摘しましたが、わが国で多用されている「連携」という言葉は国際社会のなかで考えると、少しスタンスが違っています。つまり、国際社会ではコミュニケーションということで、お互いに情報共有をしましょう、という意味ですから。
重要な情報を共有して自分たちがやるべきことはしっかりとやっていく。そのうえで、お互いに議論するなり、それぞれの考え方を示していくことが大切です。

藤沼
国際監査基準(31)では、監査役制度を想定していないですから監査委員や監査委員会と会計監査人、あるいは内部監査人と会計監査人との間で情報共有やコミュニケーションが必要だと言われています。まさにエンロン事件やワールドコム事件の問題が起きたときも、あれを最初に告発したのは内部監査人ですから。

堀江
女性の内部監査人でしたね。最初の告発はたしかに内部監査人からでしたが、そ

---

(30) 日本監査役協会は、2017年1月「監査役等と内部監査部門との連携について」を公表し、監査役会等がその責務を実効的に果たし、企業価値の向上に資するという視点では、監査役等と内部監査部門の連携は益々重要になっているとの問題意識から、内部監査との更なる連携の強化を指向している。
(31) 監査実務における国際的な基準であり、国際監査・保証基準審議会（IAASB）によって設定・公表されている。欧州連合（EU）では、2005年に国際会計基準（IAS）および国際財務報告基準（IFRS）への準拠が義務づけられることに伴い、国際監査基準も同時に適用されることを企図して、現在、IAASBにおいて国際監査基準の見直しと追加的基準の策定作業が進められている。

のあとの処理を巡って問題があったと言われていますよね。

八田　そうです。そうした告発の事実が執行のトップまで届きませんでした。会計監査人であったアーサー・アンダーセン会計事務所の責任者も、経営上層部に巻き込まれてしまっていましたから。

藤沼　いろいろな問題はあるかもしれませんが、それぞれの監査機能を担う立場のものとして、やはりお互いに餅は餅屋で、利用できる部分は利用し合うことはいいことだと思います。

八田　ただ、本来、日本にはそういう意識はまったくなくて、昭和30年代から「三様監査」という言葉がひとり歩きしてきたという経緯があります。

堀江　なるほど。たしかに三様監査という言葉はよく使われますが、その中身が十分に検討されてきたかというと……。3種類の監査があるのだから、連携なりコミュニケーションが必要でしょうといった程度の話で終わってしまうことも多いように思います。

八田　そうですね。これについても拙稿で指摘しましたが、それぞれの出自はまったく違うのです。三様監査という言葉が最初に使われるようになったのは、わが国に公認会計士監査が導入されたときです。その際、すでに存在している監査役監査と内部監査に加えて、この公認会計士監査の３つの類型の監査の関係をどう考えるかとなったときに、それぞれに三者三様の監査をやっていけばいいのだということだったわけです。だから、本来は、皮肉にも連携してはいけないということなのです。

第3部 国際動向について

不正は、日本国内にある本社だけで起こるものではありません。海外拠点を巧みに使った不正など国境を跨いだ不正にも目を向ける必要があります。このように、今日の不正問題の本質に迫るためには、グローバルな視点が欠かせません。

そこで、第3部では、国際的な動向を踏まえて、いまどのような不正が問題となり、その原因はどこにあるのか、といった問題に迫ってみたいと思います。米国に本部を置く公認不正検査士協会（ACFE）の年次カンファレンス（2018年6月、ラス・ベガスにて開催）での議論なども紹介しながら、グローバルな視点でみた不正問題やその対応についての具体的な動向について語っています。

不正検査に関する国際動向

八田　職業的専門家としての懐疑心の保持ないし発揮に関しては、「監査における不正リスク対応基準」が策定されました。国際社会でもそういう流れが出てきています。しかしよく考えてみると、残念ながら、監査を担当する公認会計士の場合、実務経験のなかで不正に対する専門知識を得ていくことはあり得たとしても、制度のなかではそうした知識を具備すべきといった場面はどこにもありません。個人でやっている人は別でしょうが。

そのこともあって、今から30年前の1988年にアメリカで、公認不正検査士（CFE）という資格制度が設けられました。その前年に有名な**トレッドウェイ委員会の『不正な財務報告[1]』**が公表されています。

堀江　1992年のCOSOの内部統制の統合的フレームワークというレポート公表のきっかけとなった報告書ですね。

八田　そうです。やはりアメリカでも、70年代から80年代には、マーケットから不正な財務報告がなかなかなくなりませんでした。会計および監査にかかわる5つの民間団体が集まっ

（1）1985年に米国公認会計士協会（AICPA）の呼びかけで、不正な財務報告を防止し、かつ摘発するためのフレームワークとその方策を勧告することを目的として設置された、トレッドウェイ氏を座長とする「不正な財務報告に関する全国委員会」により1987年に公表された報告書をいう。

て出した『不正な財務報告』では、その対処法として、49項目にわたっての勧告がなされました。そのうちの1つに、企業の内部統制を有効に整備・運用することが不可欠であり、そのためにも、共通認識の得られる統合的な内部統制概念を再構築すべきだとしたのです。

藤沼　現在まで続く重要な流れですよね。

八田　この『不正な財務報告』を読んだ当時のＦＢＩのウェルズ捜査官は、「不正や犯罪はマーケットとは関係のないところで起きていると思っていた。しかしこれからの情報化社会においては、大きな不実な開示、ディスクロージャー不正が今までよりもはるかに重要になる」と考えたわけです。そこで不正の専門家を養成しようということで、翌１９８８年に**公認不正検査士協会**(2)（**ACFE**）を立ち上げたのです。

堀江　そんな経緯があったのですか。

八田　その後、日本でも、２００５年に**日本公認不正検査協会**（**ACFE JAPAN**(2)）が立ち上げられ、ＡＣＦＥの正式な日本支部となって現在に至っています。

不正を告発する人、疑念を発する人、そういう人に公認不正検査士がいるという例も紹介されています。当然のことですが、一般の人よりは不正という問題に対して真摯に取り

（2）　Association of Certified Fraud Examiners。ACFEは、トレッドウェイ委員会が1987年に公表した『不正な財務報告』を受け、不正検査の専門家の養成を目的に、ジョセフ・T・ウェルズ氏によって、1988年に設立された国際組織である。会員に対して、不正対策の専門資格として公認不正検査士（CFE）の認定資格を行っている。日本では、2005年以降、ACFE JAPANが、ACFEの日本代表機関として活動しており、CFE資格試験や受験教材のローカライズを行っている。

組んでいますから早い段階でそういった問題を上層部の方で吸い上げれば、会社にとって大きな損失を避けることができるわけですからね。

藤沼

そう思います。**公認不正査士協会の調査データ**(3)によると、世界的に見て、不正による被害金額は、一企業で見ると売上収益の5%ぐらいで、相当大きな金額が不正によって費消されているとされています。

八田

一国でみると、総生産高のGDPの3%から6%に当たるとも言ってますね。あくまでも推定値ですが。

(3)　公認不正検査士協会（ACFE）は、1996年以来、組織が直面するさまざまな不正のなかでも、多大な脅威をもたらす職業上の不正の実態についての調査結果を基に、「国民への報告書」を公表しており、最新版として、第10版「2018年版　国民への報告書」が公表されている。なお、CFEに対して行った調査のアンケート結果と彼らの経験によると、標準的な組織が不正で逸失する損失額は、年間収益の5%に上っているという。この推定損失額は、2017年度の推定世界総生産高79.6兆ドルに当てはめると、約4兆ドルと推定される（日本公認不正検査士協会訳「2018年度版　職業上の不正と濫用に関する国民への報告書」（REPORT TO THE NATIONS, 2018 Global Study on Occupational Fraud and Abuse）参照。）

ACFE国際カンファレンスで取り上げられている不正とは

堀江　藤沼さんは、2018年6月より、日本公認不正検査士協会の理事長に就任されていますね。

八田　それを受けて、本部があるアメリカの公認不正検査士協会の年次カンファレンスに出席されておられ、そこでは、ドーピングの問題なども取り上げられたということですが。まさに2020年の東京オリ・パラの開催ということで、日本でも目前に控えている課題かもしれません。こういう状況を踏まえながら、不正検査に関する国際的な動向について、お話しいただけますか？

藤沼　その前に、今回、なぜ私が不正検査士協会と関わりを持つようになったか、少しお話させていただきたいと思います。これまで私はずっと監査人として外部監査を経験し、その後、社外取締役や社外監査役の立場でガバナンスに関与してきました。そしてこの日本不正検査士協会においても、長年、評議員をやってきました。ところが、なぜ不正はなくならないのか、少なくならないのかということを考えたこと、そしてまた、不正検査士協会の活動状況や資格試験の内容について熟知していなかったことに気がついたのです。そこで、わからないなりに一応試験科目の勉強をはじめたんです。そうしたら、意外と面白く、公認不正検査士資格に対する意欲が出てきました。

八田

不正検査士についての国際的な状況については**図表6**をみていただくと、理解しやすいですね。

藤沼

また、試験科目として、財務取引と不正スキーム、法律、不正調査、不正の防止と抑止という4つの領域がありますが、過去問題集や不正検査士マニュアルを見てこのような問題意識を監査のときに持っていたら、もっと踏み込んだ、あるいはもっと別の観点から仕事ができたのではないか、と感じました。ですから私としては、会計士には皆この試験を

［図表6］公認不正検査士協会の地域別会員数

地域	人数
アジア太平洋	7,500
カナダ	3,600
東ヨーロッパおよび西／中央アジア	1,400
ラテンアメリカおよびカリブ海域	1,700
中東および北アフリカ	2,100
南アジア	2,200
サハラ以南アフリカ	4,100
合衆国	55,800
西ヨーロッパ	4,400
合計	**83,000**

出所：ACFE事務局の回答。

受けてもらいたいぐらいの気持ちがあります。

社外役員の場合でも、コーポレートガバナンスを監視・監督する立場で、こういう視点や意識があれば、内部統制の構築や運用状況の評価、不正調査の際の質問の仕方が変わってくると思います。たとえば、部下の生活態度を見て「あなた、どうなっているの？」というようなほんのちょっとした質問でも、意識が違えば質問の仕方も変わってきます。私は、皆さんにぜひとも試験にトライしてもらいたい資格であると思っています。

堀江

会計士の方々だけでなく、モニタリングをする部署の方たち、さらには監査役等もそうですし、内部監査人にも必要かもしれませんね。

八田

ＡＣＦＥの年次カンファレンスに参加されたかなりの数の方は、全世界から集まった方ですね。公認不正検査士の会員構成から見ると、この資格そのものがアメリカ発ということで、やはり英語圏諸国の方が多かったのでしょうね。

藤沼

そうですね。数の上ではアメリカとカナダの会員が多かったと思います。

今回のカンファレンスに行って驚いたことは、企業内の不正といった話だけではなくなってきていることです。たとえばデジタル不正の話などがそうです。これはいくら企業が不正に対して厳格に対応していたとしても、相手から一方的に攻撃を仕かけらることだってあり得るわけですから。

堀江 なるほど。

藤沼 ヨーロッパでは、国境を越えた国際的なシンジケートが大きくなってきていて、マネーロンダリングの捕捉に大きな問題が起きています。あるいは、ソチオリンピックのときのロシアのドーピング問題については、金メダルをたくさん取って、ロシアとしての力強さを世界中に見せなければいけない、ということではじまったらしいです。そのドーピングの問題を暴いた本人がゲストスピーカーとして呼ばれて、その内幕を話すようなセッションがありました。

また、マレーシアで前の首相が捕まりましたが、その人の疑惑を追い詰めた記事を書いたアメリカのジャーナリストもゲストスピーカーとして登壇していました。

そういう面で、不正は企業以外の領域にも急速に広がっているし、また、企業もそれに巻き込まれ莫大な罰金を払わされたり、あるいは偽メールに引っかかり大きなお金を払い込んでしまうという話が出ていました。

堀江 本当にいろいろな問題が取り上げられたのですね。

藤沼　FCPA(4)の問題についてのセミナーもありました。これに関係するマネーロンダリングや税務不正の**パラダイスペーパー**(5)の件などもテーマとして取り上げられていました。単にアメリカの話ではなく国際的な問題で、不正の種類も広範囲にわたるものでしたね。

アメリカの場合は、連邦や州政府当局の不正調査全部を自前でやっているわけではなく、それぞれの領域で公認不正検査士などの専門家を使っているようです。交換した名刺には、公認会計士や弁護士資格の他に、公認内部監査人や公認不正検査士の資格が記載されていました。

堀江　公認不正検査士の資格は、公認会計士、弁護士、内部監査人などの仕事と密接に関係していますが、他には？

藤沼　話題となっている仮想通貨の話になったとき、スピーカーは誰かなと思ったらFBIの人でした。なぜFBIなのかとも思いましたが、いろいろな分野に公認不正検査士が入り込んでいることを強く感じました。

八田　不正調査の対象になる事案、取引内容、範囲などについては、今後ま

---

(4)　海外不正支払防止法（Foreign Corrupt Practices Act of 1977）とも呼ばれ、外国公務員に対する商業目的での贈賄行為を取り締まる法律である。外国公務員に対する不正支払に関して、米国企業だけでなく、その取引先等に対しても同法が適用されることから、外国企業に対しても巨額の罰金が科せられている。「贈賄条項」と「会計条項」に区分されており、会計条項では内部統制に関する法的規定が初めて導入され、上場企業に対し適切な内部会計統制システムを策定することを義務づけたことにより、その後の内部統制議論の高まりの契機ともなった。

(5)　国際調査報道ジャーナリスト連合によって2017年11月に公表された、タックス・ヘイヴン取引に関する約1340万件の電子文書群をいう。何百人もの政治家、多国籍企業、有名人、高額資産家の財政問題が明らかになり、これに関与した法律事務所、金融機関、会計士、そしてオフショア税制を採用して資金を集める管轄区域にも光を当てている。Paradise Papersという名称は、オフショア区域の牧歌的なプロフィールを表すために用いられたと言われている。

すます拡大していくということですね。そこにＡＩ（人工知能）の問題も入ってくるでしょうし、仮想通貨の問題もあるでしょう。国際的には、今までの常識では考えられないくらい、不正の領域が広がっているということですね。それに対応するためにも、不正検査の能力をブラッシュアップしていく必要があると思います。

堀江

たしかに、国際的に見たとき、ＡＩやら仮想通貨やら、今後は、デジタル環境を前提とした不正への取り組みは避けられないし、ますます重要性を帯びてくるのではないでしょうか。

藤沼

そういうことです。

八田

そうしないと、すべてが後手後手になって大きな失敗や損失につながってしまいます。ただ、残念ながら、私の周りをみても、不正検査や不正調査に対して十分に理解できている人は、皆無とまでは言いませんが、なかなかいないのが実情です。

藤沼

日本の場合はあまりいないですね。

IFIARの活動

堀江　最後に、IFIARについて少し触れておきたいですね。

八田　どうぞお願いします。

堀江　2017年、IFIARと称される**「監査監督機関国際フォーラム**[6]**」**の常設事務局が東京に設立されました。

八田　堀江さんは、日本監査研究学会の代表として、企画委員会の委員として貢献されておられますよね。

堀江　出ています。

藤沼　どういう議論をしておられるのですか？

---

(6)　監査品質の向上と監査に関する規制監督についての国際的な対話と知見を共有する場として、2006年に組織された国際的な機関である。2018年６月末時点で、52の国・地域の独立監査監督当局によって構成されている。2017年から、東京に本部常設事務局が置かれている。監査環境を巡る状況や規制監督に関する実務的な経験をグローバルに共有することで協調を図り、もって投資家をはじめとした公益の保護を目的として活動を行っている。

堀江 ２０１８年の４月にカナダのオタワで、ＩＦＩＡＲがオタワ会合と称して、総会を兼ねて開催されました。

そこでＩＦＩＡＲの２０１８年から２０２１年までの戦略プランが議論されました。そのとき、ポイントになったことが２つあったそうです。１つは監査品質の問題が相当大きく取り上げられたこと。もう１つは、テクノロジーの進歩が監査に与える影響についてです。両方とも非常に大きな議論になったようです。最近は、監査品質の議論もオーディットカルチャーといった方向に向かっているようです。

藤沼 オーディットカルチャーですか。企業風土と同じですね。

堀江 そうなんです。ファームのなかのTone at the Topとか、そのあたりのところがだいぶ議論されるようになってきているようです。

テクノロジーの影響でも、たとえばＰｗＣ香港などがBig4(7)ではじめて決済手段として仮想通貨を受け入れるようになったとかですね。だいぶ時代も変わってきて、テクノロジーに対して、特にＡＩについてはこれからどんどん研究が進められていくという、そういう傾向のようです。

---

(7) 「アーンスト＆ヤング（Ernst & Young）」「KPMG」「デロイト・トウシュ・トーマツ・リミテッド（DTTL）」「プライスウォーターハウスクーパース（PwC）」という、国際的なネットワークをもつ大手監査法人をいう。かつてBig８と呼ばれていた時代もあり、合併等を通じて、現在の４大法人になっている。わが国における「アーンスト＆ヤング」のメンバーファームが「EY新日本有限責任監査法人」、「KPMG」のメンバーファームが「有限責任あずさ監査法人」、「デロイト・トウシュ・トーマツ」のメンバーファームが「有限責任監査法人トーマツ」、「プライスウォーターハウスクーパース」のメンバーファームが「PwCあらた有限責任監査法人」となっている。

藤沼　ＩＦＩＡＲでは不正に関することは取り扱っているんですか？

堀江　今回の会合では、直接、不正そのものについてということではなくて、もっと大局的に、監査法人の監査品質という観点からみていたようです。ただ、ＩＦＩＡＲとしては、もちろん不正の問題を軽視しているわけではないと思います。

藤沼　なるほど。

八田　公認会計士監査の品質を問うとき、企業の不正問題を度外視して考えることはできませんからね。

第4部

ＩＴＣ（情報通信）・テクノロジーの進展と不正

第3部で議論した国際化の問題とあわせ、今日の不正問題を語るときＩＴＣやテクノロジーの進展を無視することができません。サイバー攻撃は日々巧妙化し、企業側で対策をとっても、攻撃者との間で「いたちごっこ」が続き、決定打がないのが現状です。「不正をいかにして未然に防止するか」ではなく「見知らぬ不正からいかにして身を守るか」といったように、これまでの不正対策とは異なった様相を見せています。

第4部では、ビッグデータ、人工知能、ブロックチェーンなどの話も織り交ぜながら、ますます高度化する不正にいかに立ち向かっていくべきかについて語っています。

サイバー攻撃の動向

八田　先ほどから出ているデジタルテクノロジーの分野に絡んだ不正問題も起きています。この分野の不正に対しては、将来に向けてどのように対応すべきなのか。たとえば今、IT絡みで一番問題になっているのが標的型の攻撃メールです。

藤沼　そうですね。

八田　それから、いわゆる**サイバー攻撃**(1)です。これは個人も公的な機関も皆やられています。

藤沼　身代金ではないですが、金銭を要求することもあるわけでしょう。これだけ払ったらウイルスを解除してやる、暗号を解く方法を教えてやる、という。

堀江　ランサムウェアというやつですね。

八田　今、このあたりの現状はどうなっているのでしょうか？

---

(1)　インターネットを介して組織または個人の業務を妨害したり、財産を狙う攻撃をいう。電子メールが利用されることもある。攻撃対象とする組織または個人を特定しない「無差別型」と、あらかじめ攻撃対象を調べ上げて行われる「標的型」がある。侵入の痕跡を巧みに隠蔽しながら活動するマルウェアが利用されたり、あるいは担当者を騙す手口も年々高度化している。また、電気・ガス・交通等の社会生活のインフラを標的にしたサイバーテロとして行われることもあることから、政府等をはじめとしてさまざまな対策が急がれている。

堀江

サイバー攻撃は、日々高度化してきています。新しい攻撃手段が登場するとそれにパッチを当てるといった、いたちごっこは今も続いていますね。**独立行政法人情報処理推進機構**(2)（**IPA**）という組織が公表している「情報セキュリティ10大脅威2018」（**図表7**）というのを見てみますと、企業等への攻撃では、標的型攻撃が2年連続で1位にランクされています。たとえば、銀行や取引先などを装ったメールを送ってきて、その添付ファイルを開けさせるなどしてウイルスに感染させる、といったような攻撃です。今までは、悪戯や興味本位のものが多かったようですが、最近では完全に経済的な利得を目的とした攻撃に変わってきているようです。

八田

今は、メール添付よりも、文中でのURLの送付が多いですね。

堀江

添付ファイルはどうしても警戒しますから、URLをクリックしただけでウイルスに感染するものが多くなってきていると言っていいでしょう。最近では**ダークウェブ**(3)と言いますが、発信元を隠すソフトを使わないと接続できないようなサイトがあり、追跡も困難になってきていると言われています。そこで個人情報や違法薬物の売買、そういう類のことが行われて

（2） 1970年に設立された情報処理振興事業協会を改組し、2004年に発足した経済産業省所管の独立行政法人である。具体的な事業としては、サイバー攻撃やコンピュータウイルス対策等の情報セキュリティ対策の普及啓発活動をはじめ、IT化の推進と安全性確保の両面からさまざま事業を展開している。また、IT社会における人材育成という観点から、国家試験である情報処理技術者試験、情報処理安全確保支援士試験を実施している。

（3） Tor（The onion router）と呼ばれる特殊なブラウザ・ソフトを使わないとアクセスできず、身分を隠すことができるインターネット闇サイトをいう。他人のアカウント、攻撃用ツール、脆弱性情報の売買のほか、拳銃や違法薬物などの売買も行われている。Tor自体は、もともと機密性の高い情報を安全にやり取りするために開発されたものであるが、逆に匿名性を高めたり、追跡を困難にする手段として闇サイトへのアクセス手段として利用されている。

[図表７] 情報セキュリティ10大脅威2018

昨年順位	個人	順位	組織	昨年順位
１位	インターネットバンキングやクレジットカード情報等の不正利用	１位	標的型攻撃による被害	１位
２位	ランサムウェアによる被害	２位	ランサムウェアによる被害	２位
７位	ネット上の誹謗・中傷	３位	ビジネスメール詐欺による被害	ランク外
３位	スマートフォンやスマートフォンアプリを狙った攻撃	４位	脆弱性対策情報の公開に伴う悪用増加	ランク外
４位	ウェブサービスへの不正ログイン	５位	脅威に対応するためのセキュリティ人材の不足	ランク外
６位	ウェブサービスからの個人情報の窃取	６位	ウェブサービスからの個人情報の窃取	３位
８位	情報モラル欠如に伴う犯罪の低年齢化	７位	IoT機器の脆弱性の顕在化	８位
５位	ワンクリック請求等の不当請求	８位	内部不正による情報漏えい	５位
10位	IoT機器の不適切な管理	９位	サービス妨害攻撃によるサービスの停止	４位
ランク外	偽警告によるインターネット詐欺	10位	犯罪のビジネス化（アンダーグラウンドサービス）	９位

出所：情報処理推進機構（IPA）「情報セキュリティ10大脅威 2018」2018年４月（ホームページより引用〈https://www.ipa.go.jp/security/vuln/10threats2018.html〉）。

いるようです。

一番怖いのは、被害にあっても気づかないというか、わからないことが多いことです。

藤沼　ウイルスに感染していてもね。

堀江　ファイルが壊れたり、ファイルが開かなくなったり、コンピュータが急に不自然な動きをすれば、何かあったということに気づきますが、問題はデータのコピー、つまり情報の窃取です。情報はコピーされてもわからない。デジタルテクノロジー分野の不正には、こういう非常に厄介な問題があります。加えて、今までの不正は、企業内といった閉鎖的な空間を前提にその対策を考えていればよかったんです。手を広げても、連結ベースで考えるくらいで。

八田　そうですね。ある程度、影響の及ぶ範囲は想定できましたからね。

堀江　しかし、これからは外部、しかも不特定多数との接点も視野に入れなければなりません。どこからどう攻撃されるかわからない状態です。さらに、会社のコンピュータが乗っ取られ、その乗っ取られたコンピュータが外部のコンピュータを攻撃することもあり得るわけです。そうなると、被害者から加害者にひっくり返るといったような問題も起きてきます。

八田　いずれにしても、デジタル領域の進展は日進月歩です。それに対して「気がつきませんでした、知りませんでした」では済まない時代になっています。

藤沼　そういうことですよね。

堀江　サイバー攻撃もインターネット上から入手したソフトなんかを使ってやりますから、高度な技術を持たなくても5分もあれば攻撃ができてしまうとも言われています。そんな時代なのに、会社の内部規程が「パスワードは最低でも6か月に1回は変更すること」などとなっている。ですから、今では、パスワードは頻繁に変更してもあまり意味がないとまで言われるようになってきています。

八田

われわれもこの分野の専門知識を修得しなければなりませんね。この点に関しては、手前みそになってしまいますが、日本の内部統制の基準をつくった際、構成要素の1つに「ＩＴへの対応」を入れました。これを最近やたらに使う方が増えています。ＩＴへの対応が欠落していますよ、と言うのです。当時は、ＣＯＳＯも構成要素に入れていない、この「ＩＴへの対応」というものを、基本的な構成要素に付加することに対しては、多くの反対がありました。そうした反対のなかで、これを入れてもらったおかげで、現在、意味のある議論ができているものと思っています。

堀江

そうそう、ＩＴ統制などというのは、内部統制の構成要素のうちの「統制活動」に含まれるものではないかとか、「情報と伝達」があれば十分ではないかといった意見がありましたね。ＩＴのコントロールというのは内部統制のすべての構成要素と密接に関係します。また、財務報告目的だけと関係するものでもなく、業務の有効性と効率性、さらには企業の戦略とも関係してきます。それゆえ、ＩＴ統制という用語ではなく「ＩＴへの対応」という用語を当てたのですよね。

藤沼

たしかにそうですね。時代を先取りしていましたよね。

八田

ＣＯＳＯのボブ・ハース氏も評価してくださいました。ＣＯＳＯの２０１３年版の内部統制の統合的枠組みにはＩＴの要素を織り込むつもりで考えていたようですが、途上国では、92年版がようやく浸透してきた状態だということで、断念されたようです。

藤沼

今、思い出したのですが、ある会社に、おたくからの資金の返済は今度から別の口座にしてくださいというメールが来てだまされたことがありました。

八田

同じような事件は、私のかかわっている会社でも起きています。かなりの額の特別損失が発生しました。そういうメールでの詐欺の手口があるということを、私は知っていましたが、まさか、自分のかかわっている会社で発生していたとは、夢にも思わなかったですから、かなりショックを受けました。

堀江

まさか自分のところでとは思いませんものね。この点こそサイバー犯罪の盲点なんです。

藤沼

その会社がかかわったケースでは、それほど大きな金額ではなかったのですが、同様の手口に引っかかった会社がありました。

八田
こういったケースはたくさんありますからね。

堀江
金額が小さかったという理由で、表ざたにしなかったというケースはたしかに多くあるかもしれませんね。藤沼さん。それでどうなったのですか。

藤沼
「海外の支社から納入業者が銀行口座を変えたいと言ってきている、よろしいでしょうか？」と言うわけです。「本当に確認したのか？」と聞いたら、「間違いありません」と言うので、本社はＯＫを出して新規の口座に振り込んでしまったそうです。すると本当の業者から「期日までに入金がない」と連絡があって、この不正が判明したとのことでした。添付書類などはそろっていて1文字だけメールアドレスが微妙に違っていたそうです。

八田
こうした不正が発生していたにもかかわらず、全社的に情報が共有されていないところに問題があるのです。やはり、不正にかかわる情報は、直ちに全社的に共有されることが極めて重要だということです。

藤沼
本当にそうですね。

八田

許されることではないですが、やはり、責任ある立場のものからすると、自分に責任のある不祥事については、できるだけ知られないように穏便に済ませたいと思ってしまうのではないでしょうか。

堀江

それが逆に傷口を大きくする。

藤沼

問題を起こした部署にはそういった傾向がありますね。

八田

ビジネスメール詐欺のように、他社にも起き得る問題は、広く社会に対して警鐘を鳴らすためにも、いち早く開示して説明することが必要だと思っています。

藤沼

話を蒸し返して恐縮ですが、これまでと違う銀行の口座に振り込むことになった場合、社内での手続はないのでしょうかね。たとえばA社のリース料を今回からこの銀行口座に振り込みますとなったとき、本来ならば必ず会社のなかでそれを承認する部門があるはずです。営業が担当ならともかくも、財務経理がその担当なら、それなりの経験や懐疑心がありますので抑止態勢は備わっていると思いますが。

八田　それがなかったのでしょうね。まずは、先方に直接電話すれば済む話だったわけです。

藤沼　そうですよね。「銀行口座変更のメールが来ていますが、間違いないですか？」と確認すればいいだけのことですね。

八田　それは、自分たちの仕事に対して懐疑的でない証拠です。単なる日常業務の延長線上という意識で働いているだけであって、自分の業務の有する意味やリスク等について、あまり考えていないということでしょう。

藤沼　仕組みだけでなく、もう少しヒトの問題にも焦点を当てるべきということですね。

堀江　標的型の攻撃で、確実に金品を盗もうとする場合、さまざまなところから多くの情報を集め、周到に準備して攻撃を仕かけてくるんです。たとえば、製品に対する問い合わせとかクレームといったタイトルのメールが届けば、それを開かないわけにはゆきません。もし、本当だったら取り返しのつかないことになってしまいますから。

また、公開されている会社の組織図から、実在する部署名や役職者の名前をかたって、「至急・先ほどの資料の差し替え」などという添付ファイルが届ければ、疑いなく開けてしまいます。ＩＴを活用して手口が高度になったとか言われますが、先ほどからのお二人のお話を聞いていますと、きちんと確認するとか、情報を共有しておくこと、そんな内部統制のイロハができていないところで事故が起こっているような気がしてなりません。

ビッグデータやAIは不正の発見に有効か

八田

テクノロジーの進歩によって、われわれは、人力だけでは到底集めきれない膨大なデータ量を手にすることができるようになりました。いわゆる**ビッグデータ**(4)です。しかしこのビッグデータも、扱い方によっては不正に結びつく可能性があります。

堀江

ビッグデータは、もともとはSNSなども含む多様なルートから画像データや音声データなども集めて、マーケティング戦略に活かすとか、そのような使い方からスタートしています。したがって、会社の戦略にかかわるようなビッグデータが盗まれたりすると大きな損失に結びつく可能性があります。

また、不正の手段としてこのビッグデータを悪用するといったこともあり得ないわけではないでしょう。その一方で、不正を発見するために使うという側面もあります。

少し前の話ですが、KPMGという会計事務所がF1レーシングチームのマクラーレンと提携して、新しい監査手法に取り組んでいるという**報道**(5)がありました。残念ながら、踏み込んだ内容まで知ることはできませんが、F1というのは、まさにビッグデータの世界なんだそうです。どのようなタイミングでピットインするかとか、タイヤを交換するかと

(4) 収集し処理するデータ量が膨大であること（Volume：多量性）に加え、文字データのみならず画像データ、音声データ、動画データなどの非構造化されたデータを扱うこと（Variety：多様性）、データ収集の頻度ないしは収集のスピードがきわめて速い（Velocity：敏速性）という特質をもったデータをいう。この3つの特質を表す英語の頭文字をとって「3V」と呼ばれる。このように、ビッグデータを用いることによって、企業以外からも収集された多種多様なデータに基づく分析が可能となる。

か、天候やマシーンの状況等をはじめとしたビッグデータを使うようです。KPMGは、そのようなノウハウをほしがったようですね。

八田

監査領域における現行の監査手続は、一部抜き取りの検査による試査（サンプリング）というものです。しかし最近では、企業のデータを悉皆検査できる可能性が出てきました。われわれの言葉でいうところの「精査」です。

そこからさらに進んで、異常値を検出するようなプログラムができると、監査の対応も今とは大きく違ってくるのではないか、という議論が起きています。

堀江

現在では、仕訳テストではサンプリングをするよりも仕訳データ全件をコンピュータを使って全部舐めてしまった方が早いと、そこまでパフォーマンスが上がっています。そこに加えて、いわゆる非財務データも組み込んでビッグデータとして活用することで、不正の疑いのある取引を自動的に検出したり、抜き出したり……。

藤沼

異常値を検出するのにビッグデータが活用されるということですね。

堀江

そうです。まだ、不正と確定できるものを確実に抜き出すというところまでいっているわけではなく、あくまでも異常値の検出、疑いのあるデータの検出というレベルです。そ

（5） KPMGというグローバルネットワーク会計事務所がF1レーシングチームのマクラーレンと提携して、新しい監査手法の開発に取り組んでいるという報道である。マクラーレンがもつ、天候、ピットストップ、タイヤ交換などに関するビッグデータ分析に関する技術やノウハウをKPMGの監査技術に応用したいようである。（"KPMG laps up Mclaren's F1-style anlityics,"*Financial Times*, November 20, 2014.）

れでも、ひと昔前とは比べものにならないほど精度が上がってきていると思います。

八田　ただ、巧妙に仕組まれた不正をビッグデータを使って発見できるかと言うと、それはまた違う問題ですね。

堀江　手口にもよるでしょうが、ＡＩだのビッグデータだのと騒いでも、何でもかんでもといったのは難しいでしょうね。

八田　テクノロジーの進歩で、これから世のなかから姿を消す仕事もあると言われています。イギリスのオックスフォード大学の研究者たちが出したレポート**「雇用の未来」**(6)によれば、いわゆるルーチン化された形式的な仕事はなくなるだろうという、インパクトのある記事が載っていました。そうした仕事のなかに、会計や監査が入っているというのです。

最後は人と人との絡みの問題が残りますが、テクノロジーの進化でそういった仕事に人手と時間を割かなくてもよくなれば、これまで人手に頼っていた作業の精度を上げることができるようになるでしょう。しかし、その一方で、人間の感度がますます鈍くなって、発見能力や懐疑心などを養成する機会が少なくなるようにも思います。ＡＩやビッグデータの出現は、監査領域にとって、ある意味では救世主とは限らないというくらいの感想を持っています。

---

(6)　2014年、オックスフォード大学のマイケル・A・オズボーン博士らが発表した論文「雇用の未来」では、ITの発達による自動化（AIロボット化）が急激に進み、多くの職種で人間の仕事が必要なくなってしまうことを予測しており、世界中に衝撃を与えた。10年後になくなる仕事、すなわちテクノロジー（コンピュータ、AI、ロボット）によって置き換えられてしまう可能性が高い仕事について、全702種類の職種を、なくなる可能性の高い順に並べて示している。

堀江　おっしゃるとおりですね。このような技術をうまく活用することで、いかにして業務効率やサービスの品質を高めるかという見方こそ大切かもしれませんね。

八田　堀江さん、会計不正の発見と予防に対して、ＡＩの出現はどのような変革をもたらすでしょうか？

堀江　日本公認会計士協会や大手の各監査法人でも、未来の監査について考えていて、ＡＩの専門チームをつくって試行錯誤を重ねているようです。

ただ、今のところ、ルーチン業務をどうやってＡＩに置き換えるかというところに焦点が当てられている印象があります。監査のルーチン業務がＡＩによって自動化できれば、現在行われている監査業務のおよそ６割は、コンピュータに置き換えられるのではないか、というような議論もあります。**ロボティック・プロセス・オートメーション**(7)**（ＲＰＡ）**という技術がＡＩと結びつきますと、公認会計士は、単純だが面倒な作業から解放されますし、作業上のミスも少なくなると思います。

藤沼　なるほど。

---

(7)　Robotic Process Automation。従来、人手で行ってきた定型的なパソコン操作や端末操作をソフトウェアによって自動化することをいう。具体的には、データの自動入力、パソコン画面操作の自動化、アプリケーションシステム間のデータの自動受渡しなどである。単純業務の自動化によって、業務効率の向上のみならず、担当者を他の重要な業務に振り向けることができるなど、働き方改革の推進や人材不足を補うためのツールとして、すでに多くの企業等でも導入されている。

堀江

問題は、自動化できない残った４割の業務、たとえば会計上の見積りの適切性の判断など、会計士でも難しい作業や領域に対して、ＡＩを使って専門家をサポートする、そこも大切です。不正に関連して言えば、限られた時間と資源のもとでは発見が難しい不正、人間の注意力をもってしては難しい不正の発見に、機械学習をはじめとしたＡＩ技術の応用を考えてゆくことがこれからのＡＩの活用方法ではないでしょうか。

八田

そうでしょうね。

堀江

それから、教育の現場での感覚ですが、ＡＩの出現で、極めて不本意なのですが、公認会計士という職業が不人気になったような気がいたします。

藤沼

具体的にはどんなことですか？

堀江

新入生に、将来、公認会計士試験を受けてみたらどうかと勧めましても、先ほどのオックスフォード大学のレポートが影響しているのかどうかわかりませんが、「将来、ＡＩの進歩によって、公認会計士の仕事はなくなるんじゃないか」と、親が言うらしいです。子供はそれを聞いて「そうかもね」なんて言っているような状況になっているわけです。

八田　特にマスコミは危機感を煽るような書き方をしますから。

堀江　見出しに「公認会計士」と書かれていても、本文をよく読むと「会計監査係員」などといった言葉が出てきたりします。もっと、正しく伝えてもらいたいですね。

藤沼　今まで手作業で苦労していた会計士の業務が機械に置き換わるわけですから、悪いことではないですよね。しかし、高度な判断業務のように人間が絡むことではじめてうまくいく仕事はなくなりませんし、ましてやコンピュータが「心」を持つことはないでしょう。ＡＩの専門家に聞いても、そう言っています。

堀江　おっしゃるとおりです。たとえば、ＡＩ技術によってコンピュータが不正リスクの大きさを自ら把握し、それに応じて確証度の高い監査手続を提示してくれたりするようになれば、「擬制的に」職業的懐疑心を高めていることに他ならないと言えるかもしれませんが、コンピュータが心を持つようになることはないでしょうね。ＡＩと人間との間で、どのような共存のあり方、分業のあり方があるかを考えることが大切でしょう。

藤沼　不正検査士協会の年次カンファレンスでのランチョンの基調講演で「Artificial

Intelligence Expert」というテーマで、ＡＩについての著書を書いている方が登壇されました。その人は「これからは、ＡＩの利用によってロボティクスなどさまざまな分野でＡＩ革命が起きる。結果として人間の働き場がなくなる」という講演内容だったのです。講演者は、現状を「世のなかには富の偏在が拡大している。たとえば、グーグルとか、フェイスブックなどのＩＴのプラットフォーマーが大きな収益を上げているが、社内の従業員は少ない」と分析し、一方、「ゼネラルモーターズは同じ規模の売上高なのに利益は少ない、しかも従業員数が多い」と続けるんですね。結論は、教育の強化によって労働者のシフトを促すことが必要となると言ってましたが、ＡＩと人間の共存のような視点がなく、お先真っ暗な感じの講演でした。

堀江　そういった内容の講演では本当に暗くなりますね。

藤沼　この話はネガティブ過ぎると感じたわけです。彼が「リカレント教育が必要だ」といったところは、唯一の期待の持てる部分でした。しかし、テクノロジーが発達することで人間のすべての仕事がなくなるのかと言うと、それはちょっと言い過ぎのような気がします。たとえば、自動車の生産工程がすべて自動化されたと想定しても、新たな仕事が出てくるので全部がなくなってしまうわけではないでしょうからね。

仮想通貨をめぐる不正のリスクは

八田　ここまでビッグデータやＡＩについて話してきましたが、次は仮想通貨についてふれてみたいと思います。最近ではかなり耳にするようになりましたね。

堀江　よく聞きますよね。これまでは、一攫千金を夢見る話でしたが、最近では、大量の仮想通貨が盗まれたとか、消えてしまったといったような話ですね。「仮想」なんて言うから、いかにも怪しげなイメージを与えますが、その実体は**暗号化されたデジタルデータ**(8)なんです。

八田　仮想通貨を扱っている企業の監査人が、仮想通貨によって得られる収益認識の基準がないからというので、監査意見の表明を遅らせた事案もあったようです。そこで、企業会計基準委員会から実務対応報告第38号「資金決済法における仮想通貨の会計処理等に関する当面の取扱い」が出ましたね。

堀江　そうです。仮想通貨が現実に決済手段として使われていることもあり、当面必要と考え

(8)　金融庁内に設置された「仮想通貨交換業等に関する研究会」において、法令上、従来の「仮想通貨」を「暗号資産」へ名称変更すべきとされた。「G20」など国際的には「暗号資産」という表現が主に使われること、決済や送金だけでなく投資として使われることも多いこと、さらには法定通貨と明確に区別すべきという指摘に基づくものである。

られる最小限の内容を規定したものとされています。

八田

ただ、仮想通貨の性質をどのように見るかというのは難しいですね。

堀江

おっしゃるとおり、仮想通貨は法定通貨ではありませんから外国通貨として処理することはできませんし、現金以外の金融資産ともいえません。また、すべての仮想通貨が棚卸資産の定義を満たすものではないし、無形固定資産として処理することも適切ではないといったことが、当該報告でも指摘されていますね。

八田

そうですね。

藤沼

この実務対応報告では、活発な市場が存在する場合には期末時価評価、他方、活発な市場が存在しない場合には取得原価という一応の期末処理方法が示されましたが、あいまいさは残りますね。

堀江

そういった意味で、仮想通貨を使った不正、仮想通貨を狙った不正以外にも、会計処理のあいまいさをついた不正も考えないといけませんね。

八田　そうですね。

藤沼　今でも仮想通貨が続々とつくられている。実際に需要と供給の関係で仮想通貨の価値が急変動し、しかも取引のスプレッドがやたら大きいらしい。

また、コインチェックという仮想通貨取引所で「**NEM**(9)」という仮想通貨が盗まれた事件では、被害額は580億円にのぼるそうです。それだけ不透明な取引が行われているわけで、堀江さんはどのように考えていらっしゃいますか？

堀江　藤沼さんがご指摘のように、仮想通貨の流出事件があったり、大幅な値動きにさらされてはいますが、現に決済手段として広く使われはじめています。先ほど出てきましたランサムウエアでの身代金の支払手段として要求されたり、麻薬取引のようなアングラ取引でも使われていると言われていますから、不正とも密接に関係しています。

八田　そうですね。

堀江　とはいえ、**ビットコイン**(10)は、いわゆるネット通販での決済はもちろんのこと、家電量販店のような実店舗でも使えるようになってきていますから、企業サイドでも不正リスクと

---

(9)　New Economy Movementの頭文字をとったもので、厳密には、仮想通貨そのものの名称ではなく、通貨を流通させるプラットフォームであり、NEMのプラットフォーム上で流通する通貨記号をXEM（ゼム）という。XEMはすべての通貨（約90億枚）が発行済のため、ビットコインのようなマイニングではなく、取引のなかで使われた手数料の一部を承認者が獲得できる（ハーベスティング：収穫という）仕組みがとられています。ビットコインに比べると、承認速度が速いことが特徴である（ビットコインのブロック生成間隔約10分に対してNEMでは約１分）。

して認識する必要がありそうです。

藤沼 なるほど。

堀江 また、新しい仮想通貨がどんどん作られている現実もあります。「堀江コイン」などというものもすぐにつくれるようですから（笑）。

藤沼 今、仮想通貨の種類はどれくらいあるんですか？

堀江 約２０００種類と言われています。

八田 そうですね。その数字は聞いたことがあります。

藤沼 ところで、仮想通貨交換業者の利益率はすごく高いですね。

堀江 とてつもなく高いです。濡れ手に粟といった感じですよね。現実にコインチェック社で例の流出問題が起きているので、内部統制上の問題としてこれからきちんと対応してもらわないとまずいですね。ましてや決済手段とし

(10) 最も流通量（取引量と時価総額）が多い仮想通貨である。そのことから仮想通貨の代名詞ともなっている。インターネット環境さえあれば、国境を跨いで自由に使うことができるきわめて利便性の高い決済手段であるが、その一方で犯罪に利用されることもある。ビットコインは、発行上限が2100万枚と決められており、プログラムに組み込まれている。ビットコインは、コインを発行したり、取引を集中的に管理する母体を持たず、かつ取引を記録するためにブロックチェーンの技術が使われている。１つひとつのブロックには、ビットコインの取引情報が記録され、その中身を承認し、正しいブロックとして確定する作業（マイニング：発掘）に最も早く成功した人にビットコインが報酬として与えられる仕組みとなっている。

て広く使われるようになれば、なおのことです。

メタップスというＩＴ会社の四半期レビュー報告書には、強調事項として、サイバー攻撃によって仮想通貨が盗まれるリスクがあると、何頁にもわたって記載されています。

藤沼　そんな時代になったのですね。

堀江　仮想通貨交換業者に対しては、その財務諸表に対して公認会計士または監査法人による監査が義務づけられるようになりましたし、通常の取引において仮想通貨が使われるようになりますと、一般の事業会社の監査においても特別な検討を必要とするリスクとして扱われる可能性がありそうです。

ブロックチェーンで本当に不正が防げるか

八田 それでは、**ブロックチェーン**(11)について話を進めましょう。

藤沼 ブロックチェーンは仮想通貨を支える中核的な技術として開発されてきましたが、他の用途にも使えるのではないかということで、すごく有効性がある技術と言われてますね。そのあたりはどうなんですか？

堀江 ブロックチェーンという技術ですが、それを使いますと、記録されたトランザンクションが事後的に改ざんできないとか、参加者がブロック内容をいつでも確認できることから相互監視のメカニズムが働くとか、オーディットトレイル、つまり追跡可能性が確実に確保できるといった特徴があります。

ブロックチェーンは、こういった特徴を持っていますので、極めて強力な内部統制となり得ると思います。そのような意味で、不正ですとか、監査という観点から見たとき、ＡＩよりもインパクトがあるかもしれません。

---

(11) 取引が新たに追加される度に、ハッシュ関数という技術を使って前の取引データの圧縮値を付加し、改ざんと事後否認ができないようにブロックとして固めて次々とつなげていく仕組みをいう。つまり、1つのブロックは、前の取引の圧縮値と新たに追加された取引データからなっており、取引が追加される度にそれが鎖のようにつながることからブロックチェーンと呼ばれる。ネットワークの中央管理者を持たず参加者が相互に直接つながっている環境（P2Pネットワークという）のもとで、参加者全員が同一のブロックチェーンを内容とするデータベースを持つ（分散型台帳という）ことで、更新と閲覧が自由に行える環境で運用される。仮想通貨のみならず、行政サービス、資金調達、動産取引、金融取引の分野への応用がすでに始まっている。

藤沼

なるほど。

堀江

ただ、落ち着いて考えてみますと、ブロックに1回入れてしまうと改ざんができないということは、逆に不正の取引をブロックに入れられた場合、元に戻せないのでは、という理屈になりますよね。

藤沼

ブロックチェーンにつながる人たちの合意形成ですね。不正の防止という意味では、参加者を限定するクローズ型にしないといけないんですよね？

堀江

そうです。ビジネスの世界での取引や、サプライチェーンにこの技術を使おうとする場合には、オープン型ではうまくないでしょうね。ダイヤモンド取引でも、実際にブロックチェーンが使われています。ダイヤモンドの発掘から、その後の流通過程と言いますか、バリューチェーンの履歴の管理に使われているようです。

八田

すべての流通過程がトレースができるのですね。

藤沼

ブロックチェーンの網をくぐった事件が発生したという記事を見たことがありますが、

そんなことが本当にできるのかなと思いました。

堀江　理論的には直せるんですよね、必ず。ただし、今のコンピュータの性能では、計算技術的に非常に難しいと言われています。

八田　そうすると、ブロックチェーンの仕組みというより、コンピュータの計算能力の問題なんですね。

堀江　ですから、ブロックチェーンと言っても万能ではあり得ないという前提で考える必要があると思います。

八田　いずれにせよテクノロジーの進捗によっては、これまではなかったような経済取引もできますし、それに伴った不正の問題もまた生じる恐れがあります。

堀江　これからはテクノロジーがらみの不正にもっと注目する必要があると思います。

第5部

不正に関する教育および人材育成

いよいよ本書も大詰めを迎えました。これまでさまざま観点から不正問題を語ってきましたが、最後に、不正と常に向き合い、対峙すべき立場にある公認不正検査士、公認会計士、内部監査人等の人材をいかにして育成すべきかを考えてみることで、本書を締めたいと思います。

その際、大学等の教育機関における人材育成、業務の現場での人材育成という平面的な構図での議論に留まることなく、さらに踏み込んで、不正の防止に向けた議論で避けて通ることのできない「倫理」の問題と、その教育をいかに考えるべきかにまで踏み込んで語っています。

不正検査士、会計士、内部監査人の人材育成をどう考えるべきか

八田

ここから先は、教育や人材育成について考えていきましょう。経済社会を取り巻く環境は日々刻々と変化し続け、不正の手口も多様化しています。この変化に応えるための体制づくりは必須事項です。監査人あるいは不正検査士に対しても、この状況に見合った教育や研修が必要になっていることは、否定できません。

人材の育成とレベルアップという観点からすると、教育と研修が最重要課題になってきます。そこで監査や不正検査の世界のなかで人材を育成する際には、どのような教育や研修が必要なのか、考えていきたいと思います。

堀江

そうですね。人材育成こそすべての根幹ですからね。

八田

そこでまず、公認会計士、内部監査人、不正検査士の3つに分けた場合、それぞれに必要な教育や研修や訓練、あるいは資質について、どのようなお考えをお持ちなのか、おうかがいしたいと思います。さらにそこから広げて、人材の育成という観点についても提言

をいただきます。まず公認会計士について、藤沼さん、いかがでしょうか？

藤沼　ご承知のように、公認会計士の合格者には3年間の実務補習と事務所での業務補助が必要です。最後に修了試験があり、この合格者に公認会計士登録が認められます。公認会計士になったあとは法律で継続教育（CPE）が義務づけられています。現在は、3年間で120時間つまり毎年40時間程度のCPE研修受講義務がありますので、日本公認会計士協会としてはCPE教育プログラムの作成から、受講記録や会員通知などの面でかなりの時間とコストをかけているのですが、さまざまな問題や課題があります。

堀江　例えばどのようなことでしょうか。

藤沼　実務補習については、監査法人の若手の人たちがボランティアで実務補習担当の委員として育成プログラムの作成や講義などに携わっています。ただ、この補習を受けている人の真面目さについては問題があるようです。たとえば、企業の監査役を終え、公認会計士試験に合格した年配の方が実務補習に出たら、補習生の何人かが講義中に寝ていることに気づき大変に驚いたそうです。

実務補習の担当委員の人は、補習生の興味を引き出すためにいろいろと苦労しているのでしょうが、実質的な教育研修の場にしないといけないと感じています。

八田

それについては、今のわが国の公認会計士の資格取得のためのバックグラウンドを考える必要があると思います。**2003年の公認会計士法の改正**(1)以降、受験資格要件が撤廃されて、現在では何の前提条件もありません。試験に受かると、今のお話にあったように3年間の実務補習と業務補助があるだけです。

藤沼

なるほど。

八田

したがって、まずは、受験資格要件として、正規の高等教育機関での教育履修を前提にすべきです。そして、試験に受かったら、アメリカのCPAと同じように直ちに資格登録をさせる。座学での研修は必要ないですね。ただ、その後、監査という独占業務を担う人については、別途、実務経験を加味した厳格な監査教育を施す。なぜなら今は、公認会計士資格を有しながら、企業内会計士やコンサルタントなど、いろいろな道に進む人がいるからです。そういう多様性や裾野の拡大を目指して、この制度改革があったと思いますから。別に監査人のための資格でなくてもいいわけです。

藤沼

そうですね。

（1） 公認会計法とは、公認会計士の業務、公認会計士試験、公認会計士の登録、公認会計士の義務と責任、監査法人、公認会計士審査会、および日本公認会計士協会などに関する公認会計士制度に関する法律である。1948年に制定されたが、2003年および07年には、会計および監査環境の激しい変化に即して、監査人の独立性強化策や公認会計士試験に関する改革を織り込んだ改正が行われた。

八田

ただ、戦後の1948年に公認会計士法が成立したときは、監査人養成のための資格制度だったことは明々白々です。それが今も残っているので、ここで一度、原点に立ち返って、あるべき姿の会計士像を明確にするべきです。それをまず前提にしないと、いくら尻を叩いて教育や研修を強化しようとしても、どうにもなりません。

堀江

たしかにそうですね。

八田

それどころか、2017年には、補習生の不正行為まで露見しました。このように、構造的な問題がはびこっていることは事実です。ただ、これは制度の問題であり、われわれが一朝一夕に変えられるものではありません。そのような状況のなかでの人材育成には、どういう方向性があるのでしょうか。

藤沼さんは、会計の専門家である公認会計士に対するトータル的な教育は、どうあるべきだとお考えですか?

藤沼

どちらかというと、今の人たちはいろいろなことを学ぼうとか、そういうことをあまりしない感じがしますね。好奇心をあまり持っていないと言いますか……。仲間内だけの付き合いが多いようで、私はそれだけでいいのか、大変疑問に思っています。若い時は、今のように独立性についての厳しい制約がなかったから、経理部の課長や部長などから会社内の問題以外に参考になる話を結構教えてもらいました。

八田 まさに今で言う異業種交流ですね。

堀江 要するに仲間内だけでは、視野が広がらないということですね。

八田 それから私のさらなる懸念材料として、プロの道を歩いた人は一匹狼が多いということです。本来であれば、そういうエリートに、いい意味でのリーダーになってもらいたいと思うのですが、なかなかそういう人が日本にはいません。それで2016年から、藤沼さんと一緒に**藤沼塾**(2)をはじめました。しかし残念ながら、来ている方はそれなりに真面目ですが、皆さん、仕事が忙しい。

藤沼 忙しくなると、段々と来られなくなってしまうんですよね。

八田 ところで、会計プロフェッションの世界の場合、その育成に関して、将来的に誰が責任を負うことになるのか。官規制と自主規制という視点で捉えるならば、自主規制の領域の一環として、十分な人材育成は可能なのか、なかなか課題があると思います。

---

(2) 2016年当時の公認会計士を取り巻く環境から、会計士試験の受験者が激減している、若手会計士の元気がない、監査法人からの退職者が相次いでいるなどのネガテイブな状況を傍観しているわけにはいかないという気持ちが、この塾の立ち上げに繋がっている。八田進二教授を塾のコーディネータ役として、会計関連分野の講師陣を中心とした講義、ディスカッション、および懇親会という三部構成で行われてきた。第1期に続き第2期の藤沼塾を2018年9月に終え、今後の塾の運営を検討中とのことである。

藤沼　そうですね。今みたいにあらかじめ決められた時間をこなす、コマ数をこなす、形式的になることは仕方ないことですが、本来の教育・研修はそういうことではないはずです。ただ各事務所では、それぞれ工夫して、たとえばレベル別に監査人の育成教育を行っています。

八田　ところで、日本大学商学部には会計学科がありますから、公認会計士の試験にチャレンジする学生も多いと思います。教育の現場から見ていかがですか？

堀江　公認会計士の試験制度が変わったときを振り返って見ますと、裾野をできるだけ広げて、監査実務に携わる人たちだけではなく、大学で教職に就く人や企業内会計士がいてもいいという方向性は間違っていなかったと思います。

ただ、今はその方向性が見えなくなっています。どういう人材がほしいのか、その人材を最終的にどうしたいのか。会計全般についての基礎的な知識を吸収したうえで監査業務に就くというのなら、二層構造にして監査の教育を最終的にきちんとやればいい。

今の公認会計士試験の内容を見ても、非常に中途半端です。たとえば監査論の問題1つ見ても、われわれ大学で監査論を教えている人間でも解けないような短答式の問題が出題されています。非常に細かくて……。

八田 重箱の隅をつくようなトリッキーな問題ですね。

堀江 試験の難易度ではないんです。どういう知識や技能を問うているのかが見えないんです。つまるところ、会計士としてどういう人材を求めているのか。教育の現場にいる人間から見ますと、その部分がまったくわかりません。これは大きな問題です。ですから、試験制度も変えていく必要があると思います。

八田 実際に合格者からも不満が出ます。先ほどの藤沼さんのお話に上がった方も、実務補習で不満を持たれたわけですよ。その方は50代60代で、酸いも甘いも噛み分けた経験を持った方で、たまたまペーパー試験での合格には時間がかかっただけかもしれません。一方、18歳とか19歳という若さで合格する人もいるわけです。そうした方たちが同じ実務補習で同じ教育というのは、何かおかしいですよね。

藤沼 若くして合格した人たちは、試験にパスしただけだということがわかっていないのではないのでしょうか。

八田 いろいろな分野のセミナーにも、ビギナーコースやアドバンストコース、さらにはシニアコースなど、違いがあります。現在の公認会計士の教育は、すべてが一律的でごちゃ混ぜ状態になっていますから、堀江さんがおっしゃったように明確なビジョンが見えないのです。ターゲットをどこに絞っているのかわからないから、試験問題の作成も大変ですよ。

堀江

本当におっしゃるとおりです。

藤沼

公認会計士の試験については、根本部分をもう一度見直す必要があります。受験資格や試験科目も含めて。今の状態を前提にしていると、どうしても時代にマッチせずに中途半端になってしまいます。

八田

次に、内部監査人についてはいかがでしょうか。かつて日本内部監査協会は、自分たちで内部監査の専門家を養成すると言って、内部監査士という称号授与のための講習をしていました。しかしある時期から、日本内部監査協会は内部監査人協会（ＩＩＡ）の正式な支部IIA–Japanになって、多くの人がＣＩＡの資格を取得するようになりました。

藤沼

そうですね。

八田

国際標準に合致したスタートで、裾野も広がっていくなかで、ちょうど時を同じくして内部統制報告制度もはじまりました。そういう背景があって、内部監査人の果たす役割が広く認知されはじめました。

このあたりのところをご覧になっている堀江さんは、内部監査人の人材育成や登用に対して、どのようなお考えをお持ちでしょうか？

堀江

内部監査部門に配属されるのは、ほとんど例外なく企業内の人事ローテーションです。たまたま内部監査部門に配属になった、これが現実ですよね。

しかし今では、日本内部監査協会も、内部監査の普及といった方向性から少しずつ舵を切りはじめ、プロフェッションとしての内部監査人を育てていこうという方向性です。監査のプロを育てるという方向性と言ってよいと思います。

日本内部監査協会では、業種ごとの特殊性に着目した勉強会を積極的に行ったり、内部監査全般を対象とした「内部監査士」に加えて、「金融内部監査士」とか「情報システム監査専門内部監査士」といった制度を設けるなど、より専門性の高い内部監査人を育てようとしています。

いまだ、ごくごく少数ですが、現実に、あるAという企業の内部監査人の方がBという企業の内部監査部門に移った、というケースもあります。

八田

なるほど、引き抜きですね。

堀江

そういう方向性はあるものの、企業によって内部監査のあり方は千差万別ですし、何よりも先ほどから出ています社内ローテーションの問題もあります。そのような意味で、内部監査の専門家の育成と一口で言うのは簡単ですが、なかなか難しい問題を抱えていると思います。

また、内部監査人の専門性向上との関係で、最近では、内部監査の品質評価がようやく波に乗りはじめてきているようです。ＩＩＡの基準では、5年に1度は外部評価を受けなさいと規定しています。このような内部監査の品質評価制度の導入は、実のところ、監査人の技能向上という点でも大変意味があると思います。と言いますのは、内部監査は公認会計士監査と違って、ある特定の状況のもとで監査の専門家であれば実施すべき監査手続の最低ラインというのがありませんから、いかにして内部監査の中身を充実させてゆくかということが重視されるからです。

八田

そうですね。

堀江

それからもう1点、内部監査を見ていて気づいたことがあります。それは内部監査報告書には対外的あるいは社外的な視点がない、ということです。内部監査報告書には、たしかに事細かく、この部分をこう改善すると、こういう感じでよくなる、ということがたくさん書いてあります。しかし、業務をこう改善することで、顧客サービスがこのように向上する、という顧客の視点や、さらには株主の目線が感じられません。経営の上の方とお話をさせていただく機会があると、そう言われることがよくありますね。

八田　なるほど、言われてみるとそうですね。

堀江　ですから、内部監査人の方には、経営的なセンス、もっと言えば、もし自分が経営者であったならばこう考えるというものの見方を身につけてもらいたいと思っています。監査の技術や手続を事細かく詰め込むよりも、むしろそういうセンスや物の見方、そのあたりの教育や研修が非常に重要な気がします。

八田　会計監査もそうですが、監査というものには監査対象領域があって、その対象となった業務等が正しく遂行され、本来の趣旨に適った形で役割を果たしていることを確認するのが使命だと思います。そのためには幅広い知見と知識、そしてかなりの経験がないとできませんから、監査業務はまさに経験豊かなオトナの仕事だということですね。

堀江　まったくそのとおりだと思います。監査上の判断にしても、ただ1つの正解がないということの方が多いですものね。

八田

内部監査人はもっと鳥瞰、俯瞰の目線で取り組む必要があります。この鳥瞰、俯瞰の目線は、堀江さんの言われる外部の顧客や株主の目線と捉えることもできるのではないでしょうか。

最終的にどういう形でゴールするのが正解なのか。内部監査人はそのためのミッションをきちんと果たしているのか。企業運営の指揮命令は経営者にありますが、経営者は株主から負託されて経営を行うわけです。株主は社会の目につながりますから、内部監査人にも業務や経営の全体像を見渡すことができるダイナミックな目線が必要でしょうね。

堀江

はい。私もまさにその点こそが、内部監査人に求められる最も重要な資質だと思います。

八田

最後は不正検査士です。これが独立の業務として成立するかどうかについては、まだいろいろと問題があります。しかし、会計、監査、経営、あるいはそれ以外の業務を行っていく場合、不正調査や不正検査という懐疑的な視点は非常に重要だと思います。この不正検査士の育成や教育は、どうあるべきでしょうか?

藤沼

グローバルな視点を持ったＣＰＥ研修が重要なポイントとなっていると思います。先に紹介しました公認不正検査士協会のグローバル・カンファレンスは大変面白く、各セッションの内容も充実している。こういったところから刺激を受けたり、学んでもらいたいですね。

八田 ただ、実際には、日本からの参加者はあまり集まっていないのではないでしょうか。

藤沼 たしかにお金と時間がかかりますからね。

八田 それに年次カンファレンスが開催されるのは、6月、7月といった繁忙期です。場所も遠いですし、加えて公認不正検査士の資格を持っている人は、だいたい内部監査人や組織にいる方が多いので、自由度も少ないですからね。

藤沼 とはいえ、カンファレンスのアウトラインは、ネット上でアクセスできるので全体像なら つかめます。

八田 藤沼さんは国際カンファレンスの重要性を強調されましたが、不正の議論は一国の議論で終わっていないということですよね。ただ、すでに国際レベルで問題になっていることが、日本においては、まだ十分に認識されていないので、そういう観点からの人材育成が課題だということですね。

藤沼　そのとおりです。

堀江　そうすると、不正の専門家になるためには、国際的な感度も磨かなければならない。

八田　そうです。一歩先行く情報を得なければならない。そうしないと、どんどん後手に回ってしまう。

藤沼　ただ、英語が読めないとだめですが資料をダウンロードして、それをベースに皆さんに勉強してもらうとか、そういう形のＣＰＥもあっていいかもしれませんね。

堀江　ぜひ、これまで話に出ました公認会計士監査や内部監査との関係や連携も視野に入れた教育・研修をお願いいたします。

不正の防止に向けて、倫理が強調されることとの意味は

八田

不正防止との関連では、今、プロフェッションや専門領域のなかで強調されているものとして、エシックス、すなわち倫理の問題があります。

藤沼

そうですね。

八田

最近では、耳にタコができるぐらいよく聞きます。リンリ・リンリと、鈴虫が鳴いているのではないかというぐらい「倫理」の問題が強調されています（笑）。強調される意味はどこにあるのか。先ほどから出ているように、テクニカルな技術や形式的な偏差値で測れるような能力、それらはすべて備わっていても、実際に活かせていない場合がありますから。

堀江

そうですね。

八田

倫理という問題は直截的に違法性があるといったレベルの議論ではないはずです。

堀江

そういうレベルのことではありませんね。

八田

つまり、微妙な幅のある状況のなかで、何が誠実なのか、どうすることが最も公益に資するのか、そういう曖昧な状況のなかでの判断が求められるときに、また、監査の品質が求められるときに、まさに最後の最後として、この倫理が取り上げられるのです。

堀江

そうしますと、とりわけ専門職に要求される倫理というのは、仕事に取り組むうえで、専門家としてこうあるべき、あるいはこうあらねばならないという気持ちの持ち方であり、同時にまた、最後の砦といったようなものと考えればよいのでしょうか?

八田

そういうことですね。

経営者もそうです。ある地位にあって、権限を持って、独占的業務の最後の砦を担っている人にこそ高いレベルの倫理が問われます。倫理の問題は、そこまで持っていかないと話ができない感じがします。

藤沼
しかし、最後の砦を担っている人を評価したり、意見を言うとなると、言う側の人間もそれなりのエシカルな基準がないと、説得力のある話にはならないのではないでしょうか。そういう面では、エシックスはすごくベーシックな人間固有の考え方や規範というか、インテグリティなのかもしれませんね。

堀江
そうすると、これは文書にしても、口で言ってもなかなか理解できない場合があるということになりますね。

藤沼
ですから、いろいろなケースや状況を説明したり議論することによって、その意味を伝えていくというやり方がいいかもしれないと感じています。

八田
倫理関連のテキストブックや参考書のなかに、非常に卑近な言葉で説明されている1つのフレーズとして、「倫理とは正しいことを正しく行うという行動ないし対応」だといった内容のことが載っています。では、何をもって正しいこととするのかとなると、それはなかなか難しいですよね。

藤沼
そうですね。

八田　しかし専門職であるならば、自分たちの負うべき責任、与えられているミッション、役割期待、そういうものがそれなりにはっきりしていると思います。自分はそれに見合った行動をきちんと取れているのかどうか。それが正しく行うということだと思います。

堀江　おっしゃるとおりですが、仕事に追われてしまうと、目先の仕事をどうやって片づけるかといったことしか思い至らず、自らに与えられたミッションとか役割期待を常に意識するというのは難しそうですね。

八田　実際に大学院で必須科目の職業倫理をずっと教え続けてきている経験からも、自分の担当している教育で本当に倫理観が高まるのか。これが期待されている倫理教育の一翼を成しているのか。いまだに自問自答している毎日です。そういうことを日々考えていると、あらゆる物事の局面で常にそういう意識が働くようになることは事実ですね。

堀江　なるほど。たしかに、倫理の教育はいかにあるべきかを正面から考えると難しいですが、さまざまな科目を通じて意識させることや、行動を通じて意識することが大切だということですね。

藤沼

そう考えると、エシックスは、行動していくうちにだんだんと自分が進化していくというか、変わっていくことなのかもしれませんね。

八田

その通りです。

堀江

よく「倫理コード」といいますよね。コードをつくることで倫理規範を文書化して、それを全従業員に配ることが倫理の普及、徹底と勘違いし、あとはよく読んでおいてで終わりといった感じもないわけではないように思いますが、そのあたりはいかがですか？

八田

コードは1つのスタートラインではあります。まったく何もないと、まさに雲をつかむような話になってしまいますから。通例、コードというものは、自主規制のなかの1つ、ソフトローに近いようなものとしてつくられています。

しかし、コードは過去の事例に照らして答えられるものについては用意されているかもしれませんが、これから起きるかもしれない事例に対しては、100％の回答が用意されているわけではありません。

堀江

そうですね。それは、文書化されたコードの限界かもしれませんね。

八田

倫理観は国によっても、また、時代によっても変わります。とりわけ、経済社会ではグローバル化が進み、ボーダレスの状態にありますから、ある国で極めて高い倫理的な判断基準や考え方が生まれると、必ず高い方に収斂していかないと相手にされなくなります。これは私の経験値ですが。

藤沼

なるほど。

八田

実際に今から10年以上前に、ＯＥＣＤが日本の監査制度の検証に来ました。私はそのとき、外務省に頼まれて金融庁の人たちと一緒に参考人として陪席しました。検証の目的は、日本では公認会計士をどのように養成しているのか、ということでした。

議論は多岐にわたりましたが、「倫理教育はどうなっていますか？」という質問も出ました。「今の日本には、倫理を直接に扱った科目はありません」と答えると、「ないのはおかしい」と言うわけです。それで苦しまぎれに「あえて言えば、監査論の試験のなかで触れられているくらいです」と言いました。ところが、途上国の場合でも、監査論の領域の試験としてだと思いますが、そのなかの2割くらいは倫理関連の内容が占めるそうです。

関係者のなかには、日本の公認会計士は極めて優秀で、試験の合格率も数パーセントであり、アジアの会計士とは品質が違うと発言した人がいました。そうしたら、倫理教育をやっていなくて、どうして質が高いと言えるんですかと問われ、一同、言葉に詰まりました。

また、日本人の間ではエシカルジレンマを問題視していると言ったら、英語圏の人が「どういう意味だ」と食ってかかってきました。つまり、彼らは、日本の公認会計士の養成には、倫理上、非常に重大な問題がある、という意味で私の言葉を受け取ったようです。私は違う意味で使ったわけです、倫理の問題は悩みとしてのジレンマがあると。それを教えるのが教育だと思っていますから。そうしたら外務省から「もうその話はやめてください。ジレンマを使うのはやめてくれ」と言われて、やめましたけど（笑）。

堀江

そんなことがあったんですか。

八田

私は2003年のときの公認会計士法改正にはかかわっていませんが、改正のあと、いろいろなところで、改正後の試験制度を批判してきています。次の改正が来たときは、公認会計士の試験は国家資格ではなく日本公認会計士協会による民間資格にすべきといった考え方もあり得ます。公認会計士監査は法定監査が中心ですから、もう少しバージョンアップした「公認監査人」という形で金融庁登録にすればいいのではないかと話したこともあります。

しかし、そうすると会計士協会のなかに第2団体ができる可能性があるとか、いろいろなことを言われて、結局は、誰も相手にしてくれませんでしたが（笑）。

堀江　発想としてはとてもおもしろいですけどね。

八田　監査業務に対して締めつけばかりやっているため、優秀な人材が監査は面白くないと辞めている現実にも目を向ける必要があります。優秀な人は転職して、皆コンサルに行ってしまいます。

堀江　コンサルティングの方がリスクが小さく、報酬もいいというわけですね。

八田　したがって、私は、向こう10年以内に日本版エンロン事件が起きるのではないかと予言しています。ただ、私の予言が当たらないことを祈ってはいますが。

堀江　日本版エンロン事件とは、穏やかではないですね。私も八田予言が当たらないことを祈るばかりです（笑）。

倫理の話に戻しますと、突き詰めていくと、倫理というものは時代とともに変わっていくものかもしれませんね。先ほどの話にもありましたように、良し悪しの判断基準を一律に示すことができませんから。

八田 示せないですね。

堀江 「自分がやっている仕事の内容を家族に正直に話せますか？」という問いかけは、倫理の保持との関連でよくされるところです。

藤沼 たしかに1つの指標というか基準にはなり得ますね。

堀江 エーザイのものを拝見させてもらったことがありますが、**「コンプライアンスハンドブック」**(3)というのをつくっているケースもありますよね。また、エーザイでは、コンプライアンス・テストが記載されたカードを社員に配布し、常時携帯するよう指導しているそうです（**図表8**）。

八田 よくご存知ですね。ＪＡＬもそうですよ。**ＪＡＬフィロソフィ**(4)という手帳があります。

堀江 そうですか。

---

(3) 組織構成員のコンプライアンスに関する啓発と具体的な行為の指針を取りまとめた小冊子である。全組織構成員に配布することで周知徹底を図り、コンプライアンス教育の教材として使われることもある。たとえば、エーザイのコンプライアンス・ハンドブックでは、17ヵ国語に翻訳されたものを全組織構成員に配布することで、CEO、CCO（チーフコンプライアンスオフィサー）からのメッセージと企業行動憲章を示したうえで、行動指針とその意味、職場環境、ステークホルダーとの関係、社会との関係、および会社の資産・情報等について、全組織構成員が守るべき基準や文書化されていない倫理基準について具体例を用いて説明している。

(4) 日本航空（JAL）は、2010年1月の経営破綻を契機に、1人ひとりの意識を変えていくことが必要と考え、JALのサービスや商品に携わる全員が持つべき意識・価値観・考え方として、「JALフィロソフィ」を策定している。全社員が、「JALフィロソフィ」を共通の判断基準とすることで、信頼しうる仲間となり、安心して誇りを持って働き、社会の進歩発展に貢献できる企業となると考えられている。

藤沼　その類のものは、持っているとストッパーの役割を果たすだろうという意味合いがあるのでしょう。中には学則が書かれている学生手帳のような、どこか懐かしい感じすらしますから。

堀江　藤沼さん、ところで、海外では倫理というのは、どのような受け止め方をされていると考えればよいでしょうか？

藤沼　宗教観が強く関係していると思っています。というのは、イスラムやユダヤ教でもそうですが、宗教の教えが信者の生活行動全般に影響を与えているでしょう。それを超えて自由に行動することは宗教を捨てたことになってしまうわけです。

堀江　なるほど。

藤沼　宗教を持っている人たちは、自分の行動は宗教上の唯一神の教えに従う義務があると考えていますので、

［図表8］コンプライアンス・テストが記載されたカード（エーザイ）

ENWコンプライアンス・テスト

あなたが行動するときは、いつも次のことを自問し、コンプライアンスに留意してください。判断に迷うときは上司に相談しましょう。もし、上司に相談できない内容であれば、法務部など関係部署または、コンプライアンス・カウンター（相談窓口）にご一報ください。

その行動は、

1 家族に胸を張って話せますか？
2 見つからなければ大丈夫と思っていませんか？
3 第三者としてニュースで見たらどう思いますか？

倫理の問題にも影響が出てくるように思います。

八田 たしかに日本の場合は、バイブルに相当するような精神的な支柱に相当するものがないことが、倫理にも影響しているように思いますね。

堀江 今のお話をうかがっていると、人としての根源的な部分との関係を踏まえて倫理の問題を考えなければならないように感じますね。

八田 そう思いますよ。その意味で、倫理の教育や研修は大変難しいですね。

学部、専門職大学院、企業内での倫理教育はいかにあるべきか

藤沼

エシックスは、公認不正検査協会でも大きなテーマで、先般のグローバル・カンファレンスでも研修テーマとして取り上げていました。私もその1つのセッションに出ましたが、大変に面白かったですね。

八田

日本公認会計士協会も、当然ながらCPE研修のなかで、年間40時間の単位のうち、倫理については、毎年2単位が必修になっています。

そこからもわかりますが、プロフェッションの世界では、倫理の重要性やその実施に関しては、もはや当たり前のようになっています。ただこれもよく言われることですが、社会に出て職業人になったからといって、突然倫理が重要だと言われても戸惑いはありますよね。

堀江

そうですね。

八田

そういう意味では、受験資格要件以前の社会人としての倫理観、ビジネス倫理について、われわれが所属している高等教育機関としても果たすべき役割は大きいと思います。

堀江

本当に大きいと思います。

八田

仕事に就いてからは企業内研修がありますが、その前のレベルです。初等中等教育の倫理教育もありますが、社会との接点を持ちはじめる時期である高校、大学、それに加えて最近では法律や会計の世界では専門職大学院があります。こういうところでの倫理教育を重要視する傾向はますます高くなっています。その観点から、まず学部での倫理教育について、堀江さん、何か指摘されることはありますか？

堀江

学部レベルでの倫理教育と言いますと、いわゆる一般教養としての倫理教育と専門科目を通じた倫理教育という2つの面がありますが、専門科目、なかんずく監査ということでよろしいですか？

八田

もちろん、それで結構です。

堀江

監査論という科目を担当していますが、倫理をどのように扱うかはとても難しいと思います。公認会計士の受験志望者ばかりが集まってくれるのであれば、職業倫理の教育はきわめて重要でしょうが、一般の学生に対して、監査人としての倫理観がどうのこうのといっても学生はピントこないでしょう。「監査基準」の一般基準が倫理の問題と主に関係してくると思いますが、さてそれをどう教えるべきか……。何年教壇に立っているんだと言われるかもしれませんが、いまだ正解を見つけられないままでいます。

八田

たしかに難しいし、悩むかもしれませんね。

堀江

そういう意味で、むしろ監査の世界を知ってもらうことを通じて、このような考え方もあるのかとか、監査を通じた物の見方、考え方、アプローチの仕方、学部ではそれらをきちんと教えることに意味があるかもしれません。もしかすると、そのような方針で臨むことが、社会人になるための倫理教育と結びついてくるのかもしれません。

藤沼

なるほど。

堀江

このように偉そうに言っても、何をどう教えるか、ましてや倫理などとなりますと、正直、私の手には負えません。いつも、進んだり戻ったりの繰り返しですね、どうしても。

八田 私もそうですよ。

堀江 本当に悩ましい問題だと思います。

八田 私が専門職大学院で教えている学生にしても、全員が監査人になるわけではありません。専門職大学院のそもそもの設立の趣旨は、優秀なプロフェッションの育成ですので、そこには当然、倫理教育も含まれるわけです。したがって、まず専門的な業務そのものの内容、それから専門的な業務が社会的に担っている役割、そのあたりから理解してもらうようにしています。

そして専門的な業務を担っている人が、どういう資質や意識や考え方を持つべきなのか。その話をしていくと、最後に中核として存在しているのが倫理だということになるのです。倫理が欠落していたら、どんなに偏差値が高くても、綺麗事を言っても、信頼は得られず、尊敬の念も得られませんから。こういう、まさに精神論に近いような議論も多くなるわけです。そういう話はどうかなと思うこともありますが、最後の学生による授業評価のときに結構面白いコメントが出ます。

藤沼　どんなコメントですか？

八田　「そういう倫理の理解の仕方があるとは思っていなかった」というコメントもあります。それと、学期の最後のレポートで、「あなたがこの大学院に入学する前と、大学院に来て15週間受けた授業のあとでは、倫理に対する考え方にどのような変化がありましたか」というテーマで書いてもらっています。

堀江　学生さんは、どんなことを書いてきますか？

八田　レポートですから否定的なことはあまり書かれていませんが、結構年齢の高い人でも、倫理の授業について「驚いた」「もっと早い段階で、あるいは会社のポストにいるときに知りたかった」というコメントがあります。

堀江　私は学部の監査論の授業を行う際、必ず1度は**トナミ運輸**(5)の事例を取り上げます。一従業員が正義感から内部告発をしたケースです。

八田　そういう事件がありましたね。

---

(5)　1974年8月、トナミ運輸の運賃闇カルテルをめぐって、当時、岐阜営業所に勤務していた従業員が読売新聞社に当該事案を告発したことで発覚した。当該従業員は当初会社の上司への相談や役員への直訴を行ったにもかかわらず相手にされなかったことから、マスコミへの告発に踏み切った。それによって会社側から不利な扱いを超えるさまざまな嫌がらせを受けることとなったという。その後、当該従業員による提訴によって会社に対して損害賠償を命ずる判決が下され、さらには公益通報者保護法成立のきっかけとなったともいわれている。

堀江
そのときの告発者の手記が雑誌に掲載されました。それに基づいて、「君たちならこの問題をどう考える？」「もし君たちが会社の不正を見つけたら告発する？」と、こういう問いかけで、紙に書かせて提出させて、それをもとにして議論するんです。

藤沼
面白いですね、それ。

堀江
少しでもいいから、学部の学生といえども現場感覚を持って物事をケースに当てはめて深く考えるようになってほしいですね。教科書だけを読んでいてもしょうがないですから。

八田
堀江さんのそのような試みはとても大切ですね。
ところが、社会に出る前はある程度ピュアで真面目だった人が、企業や組織に入って、組織の色に染まってしまうことで、一気に倫理観なども劣化する可能性もあります。

藤沼
それはあり得ますね。学校を卒業して会社に入って、右も左もわからないうちに営業ノルマを与えられて、「とにかくやってこい」と上から命じられたら、「何をしたらいいんだろう、うまく騙してとにかく売ってきちゃおうか」というようなことにもなりかねません。
ですから、そのような営業方法は一切許さないというトップの強い姿勢が必要です。その代わり自分のできる範囲でやりなさいとなると、また別の話になってきますので、そのあたりは難しいですね。ルールは破らず、とにかく頑張れ、ということでしょうか……。

八田

経験値の高いビジネスマンや会計士は、頭ではわかっているのです。倫理が不要だと思っている人はほとんどいないと思います。

藤沼

そうでしょうね。

八田

人はそれぞれ自分の考え方を持っているわけですから、皆さんの前でそれを開示するのがいいと考えています。あの人の意見はああだ、この人の意見はこうだ、ということで、皆がそういう広い視野を持つようになれば、その後の自分の行動にも抑止力が働くのではないでしょうか。あくまでも1つの見方ですけどね。

そういうこともあって、倫理研修はライブでなければ、意味がないと思っています。つまり、eラーニングなど、一方通行的な研修では、ほとんど意味がないと思っています。

藤沼

そうそう。

八田

授業や研修も、直接ライブにしないとだめです。学生に聞いても、映像か何かで授業を受けても全然面白くない、皆そう言います。特に倫理の授業や研修の場合、受講生参加型で行うことが有益です。大学院の授業でも、学生と直接議論する機会を複数回、用意しています。

堀江 ディスカッションは有効ですね。

藤沼 ただ、ディスカッションの中身が問題なんです。その最たるものが公認会計士の独立性に限定した倫理研修です。

八田 たしかにそうですね。私は数年前、実際に11の大手および中堅の監査法人の倫理研修の視察に行きましたが、99%が独立性に関しての研修でした。

藤沼 そればっかりでしょう。

八田 私から見れば、あまり意味のない研修のように思いました。しかもeラーニングですよ。

藤沼 株を持ってはいけないとか、投資信託がどうしたとか……。

八田　たしかに監査人としての独立性は倫理との関係で最も重要なものの1つですが、それだけに限定してしまうと、倫理は形式基準の規律なのだろうという浅薄な理解をされてしまう可能性が多分にあります。

堀江　実質的にもっと大事な倫理に関するテーマもあるはずですよね。さまざまな倫理上の問題を、さまざまな角度から見ていくことこそが大切だということですね。

八田　あとは、われわれを取り巻く環境がアナログからデジタルに急速に移行してきていることです。日進月歩の技術革新を踏まえた議論が求められるということです。倫理観についても、昨日まで許されていたことが明日からだめになることもあるわけです。そういう意味でも、新しい時代にマッチした人材育成が必要になってくるでしょう。

堀江　時代の流れとか、社会の変化に敏感になるというのも、倫理観の保持という点では極めて重要ですね。

第6部

今後の展望と提言

不正の撲滅に向けた提言

堀江

人間社会において、不正との戦いは未来永劫にわたって続いていくだろうという気がします。

藤沼

生涯続きますよ、本当に。

八田

そう考えたとき、教育も研修もたしかに大事です。しかしそれ以上に重要なのは、今、われわれを取り巻く環境のなかで何が起きているのかということを瞬時に理解するための情報やチャネルをしっかり張り巡らせることだと思います。しかし、新しい知識を1人で全部得るのは大変ですから、たとえば組織における研修や教育制度を使ってもいいでしょう。

堀江

そうですね。

八田

これはずっと申し上げてきたことですが、不正の問題に関しては、常に他人事ではなくて、自分自身のことに置き換えて考えるトレーニングをすることが大切だと思っています。

「あなたはどうやって感度を磨いていますか？」と聞かれるときがよくあります。私の答えは至って簡単です。日々、複数の新聞を読み続けて、社会面には必ず目を通す、これだけです。社会面には必ず不祥事が載っていますから。

堀江 たしかにいろいろな動機や背景を持った事件が載っていますからね。

八田 そうです。企業の不祥事も個人のそれもありますが、そこで起きている問題が、自分を取り巻く状況、たとえば家庭や社会や学校の問題とどういう形でリンクするのか、私は常にそのように考えています。

藤沼 たとえば情報漏洩の事件の記事を目にしたときに、自分のかかわっている会社にも起こるかもしれない。

八田 そう思ったらその都度、事務局に「情報漏洩の事件が新聞に載っていたけど、うちの会社でもあり得るんじゃないか？」と必ず問いかけるわけです。そうすると「そんな新聞記事は見てません」と言う人もいますし、「いや、実はうちは先行してしっかりやっていますよ」と答える人もいます。それで少しは安心できますし、私は新聞の社会面が最高の教材だと思っています。

堀江　なるほど、そうですか。

八田　加えて、不正と対峙するには、とにかく感度を磨かなければなりません。感性豊かというか、センシティビティというか、そういうものが必要だということで、われわれの本書での議論もそういった方向づけの刺激になるといいな、という気がします。

藤沼　そうですね。

八田　最後になりましたが、公認不正検査士協会あるいは不正検査の専門家の育成と将来に向けての展望について、藤沼さん、いかがでしょうか?

藤沼　日本の公認不正検査士協会には約１８００人の会員がいて、そのうち公認不正検査士（ＣＦＥ）の資格試験に合格したのは１２００人程度です。まだまだ少ない状況にあります。今日の議論のなかの不正の事例を考えると、この不正問題について意識を持った専門家は、今後、ますます必要になってくるでしょう。ＣＦＥ資格の保持者に加え、ＣＰＡでありかつＣＦＥ、ＣＩＡでありかつＣＦＥ、弁護士でありかつＣＦＥの資格保持者でもいいわけです。それぞれの資格の専門性が補完し合う関係にありますから。不正に対する感度を磨くような流れがもっと強くなれば、この仕事に関する領域は伸びていくと思います。ただ問題として、日本人は、一般に不正という言葉を聞いただけで拒絶反応を示すところがあります。そこを何とかしたいですね。

堀江 拒絶反応もそうですし、われわれには直接関係ないから、という感覚も問題ですね。

藤沼 不正は犯罪者につながるという意識があるからかもしれませんね。不正はいろいろな動機や機会によって引き起こされますから、関係ないという姿勢はどうなんでしょうかね。たとえば、ある会社が300万円盗まれたとしても、自分の会社でない限り他人事です。特に、ITが介在する不正だと、「ああ、そうなの」という感じで自分の世界とは関係のない世界で起きている出来事という意識を持ってしまいがちです。

八田 たしかにそうです。特に電子決済になると、300万でも3000億でも、あまり気にしない感じがしますね。かつて、**みずほ証券**(1)の担当者がある会社の株式の売買で桁数を間違えてしまったということがあり、大損害を被った事件がありましたよね。

堀江 ありましたね。

(1) 2005年12月8日に起きた、ジェイコム株大量誤発注事件は、新規上場したジェイコム(現・ライク)の株式取引において、みずほ証券の担当者が「61万円1株売り」とすべき注文を「1円61万株売り」と誤ってコンピュータに発注入力したことで、株式市場を混乱させた事件をいう。俗にジェイコムショックとも呼ぶ。この誤発注および強制決済によって、みずほ証券が被った損失は約407億円とされる。

八田
数字が単なる無機質な情報になっているわけです。3にゼロが10個ついたらすごいよ、という気づきがないわけです。
藤沼
そういうことですね。
八田
だから他人事になるんですよ、結局。
藤沼
他人事にならないように、私が関係するCFEを日本で増やす場合にも、具体的なケースや教育マテリアルを充実させる必要があると思っています。そういう点では、八田さんや堀江さんのような人に登壇していただきたいと思っていますし、また教育研修については、できるならば、日本の状況にあった研修教材をつくりたいと思っています。また、倫理教育にも力を入れていきたいと思います。
堀江
ぜひ、頑張ってください。期待しております。
八田
さて、堀江さんは、先般、日本監査研究学会の会長に就任されましたので、これから学会のかじ取り役になられますが、本書のテーマである不正との関係で、今後、監査業務を担う人たちはいかにあるべきか、そのあたりの見解や展望をおうかがいしたいと思います。

堀江　監査に期待された役割を考えたとき、それが外部監査であれ、内部監査であれ、常に不正とは何らかの形で真正面から向き合わなければならないでしょう。

不正について議論すると、「撲滅」という言葉が必ず出ますが、やはり不正はなくならないという前提で考えていかないといけません。そのときに、公認会計士、監査役あるいは監査委員、監査等委員、内部監査人、公認不正検査士といった監査に携わる人たちの基本的な心構えとして、常に社会の変化に対する感性、感度、敏感度、これを磨いてもらうことが必要不可欠だと考えています。

八田　なるほど。

堀江　それとあわせて、人材の育成や教育ですね。いわゆる監査教育をどう考えていくべきかということについては、これまであまり議論されてこなかった領域だと思います。学会としても、そのあたりの問題を取り上げて、深い議論を重ねていく必要があると考えています。

八田　先ほどの学部の授業のお話のなかにもありましたが、監査人を養成しているだけではない場合もあります。しかし、監査という職能、社会的な役割、これをまず正しく理解させて、不正に対する意識を高めなければならない。そのような意味で、日本監査研究学会には大きな期待を寄せています。

堀江

ありがとうございます。ご期待に沿えるよう努力いたします。また、監査の専門家集団であり続けるため、時代の変化を常に先取りする気概を持ち続けたいと考えています。

藤沼

ぜひ、頑張って下さい。

八田

今後の社会の変化を的確に見据えつつ、われわれもさらに感度を磨いて、国内外のさまざまな動きを注視していきたいと思います。

藤沼・堀江

そうですね。

八田

今日はどうもありがとうございました。

藤沼・堀江

どうもありがとうございました。

［著者略歴］

八田　進二（はった　しんじ）

現在：日本公認不正検査士協会評議員会会長、大原大学院大学会計研究科教授、青山学院大学名誉教授、博士（プロフェッショナル会計学・青山学院大学）。

金融庁企業会計審議会委員、日本監査研究学会会長、日本内部統制研究学会会長等を歴任。

〈主要著書〉

『COSO全社的リスクマネジメント―戦略およびパフォーマンスとの統合―』（監訳、同文舘出版、2018年）、『開示不正―その実態と防止策―』（編著、白桃書房、2017年）、『会計プロフェッションと監査』（同文舘出版、2009年）ほか多数。

堀江　正之（ほりえ　まさゆき）

現在：日本監査研究学会会長、日本大学商学部教授、博士（商学・日本大学）。

金融庁・企業会計審議会臨時委員、金融庁・契約監視委員、経済産業省・情報セキュリティガバナンス研究会委員、日本内部統制研究学会常務理事等を歴任。

〈主要著者〉

『COSO全社的リスクマネジメント―戦略およびパフォーマンスとの統合―』（監訳、同文舘出版、2018年）『ITのリスク・統制・監査』（編者、同文舘出版、2009年）、『IT保証の概念フレームワーク―ITリスクからのアプローチ―』（森山書店、2006年）ほか多数。

藤沼　亜起（ふじぬま　つぐおき）

現在：日本公認不正検査士協会理事長、公認会計士、公認不正検査士。

中央大学大学院戦略経営研究科（CBS）フェロー、国際会計士連盟会長、日本公認会計士協会会長、IFRS財団評議員会副議長、日本監査研究学会理事等を歴任。

〈主要著書〉

『〈藤沼塾講演録〉新時代を切り拓く会計プロフェッション』（編者、同文舘出版、2018年）、『会計プロフェッションの職業倫理―教育・研修の充実を目指して―』（編著、同文舘出版、2012年）、『企業不正対策ハンドブック―防止と発見―（第２版）』（監訳、第一法規、2009年）ほか多数。

〔関係組織のURL〕

日本監査研究学会（Japan Auditing Association）

［ウェブサイト］http://www.dobunkan.co.jp/audit/

日本内部統制研究学会（Japan Internal Control Research Association）

［ウェブサイト］http://www.jicra.org/index.html

一般社団法人 日本公認不正検査士協会（Association of Certified Fraud Examiners Japan：ACFE JAPAN）

［ウェブサイト］https://www.acfe.jp/acfe/acfe-about/what-is-ACFE.php

2019年２月15日　初版発行　　略称：不正最前線

【鼎談】不正―最前線
～これまでの不正、これからの不正～

著　者　Ⓒ 八田進二
堀江正之
藤沼亜起

発行者　中島治久

発行所　同文舘出版株式会社
東京都千代田区神田神保町１-41　〒101-0051
営業（03）3294-1801　編集（03）3294-1803
振替 00100-8-42935　http://www.dobunkan.co.jp

Printed in Japan 2019　製版：一企画
印刷・製本：三美印刷

ISBN978-4-495-20841-7